발도르프
예술교육

- 실습 편 -

발도르프 예술교육 실습 편

발행일	2023년 3월 24일		
지은이	장순정		
펴낸이	손형국		
펴낸곳	(주)북랩		
편집인	선일영	편집	정두철, 배진용, 윤용민, 김부경, 김다빈
디자인	이현수, 김민하, 김영주, 안유경	제작	박기성, 황동현, 구성우, 배상진
마케팅	김회란, 박진관		
출판등록	2004. 12. 1(제2012-000051호)		
주소	서울특별시 금천구 가산디지털 1로 168, 우림라이온스밸리 B동 B113~114호, C동 B101호		
홈페이지	www.book.co.kr		
전화번호	(02)2026-5777	팩스	(02)3159-9637

ISBN	979-11-6836-794-4 04370 (종이책)	979-11-6836-795-1 05370 (전자책)
	979-11-6836-762-3 04370(세트)	

(주)북랩 성공출판의 파트너
북랩 홈페이지와 패밀리 사이트에서 다양한 출판 솔루션을 만나 보세요!
홈페이지 book.co.kr • **블로그** blog.naver.com/essaybook • **출판문의** book@book.co.kr

---

작가 연락처 문의 ▸ ask.book.co.kr

작가 연락처는 개인정보이므로 북랩에서 알려드릴 수 없습니다.

독일 **발도르프** 교육의 기질별 성향별 **미술 교육**

Tip & Talk

발도르프
예술교육

- 실습 편 -

장순정 지음

북랩

○

아이들이 예술 안에서 자신의 꿈을 생각하고
표현하며 그 의지를 가질 수 있기를 바란다.
그렇게 "온 마음을 다하는 삶"의 자세로
조화롭게 살아가기를…

차례

Waldorfpädagogik
practice record

i. 수업의 시작과 감각 열기

감각과 감성은 연결되어 동시에 발달한다.

인간의 감각 중 촉각, 미각, 청각, 후각, 온각, 시각은 특히 중요하다. 왜냐하면, 어린 시절 경험의 기억과 연결되었기 때문이다.

어린 시절 경험! 그 무엇보다 중요하다. 왜냐하면, 보이지 않지만 어린 시절에 느꼈던 다양한 감정의 경험들은 현재 나의 여러 감각과 연결되어 있기 때문이다. 즉, 어릴 적 많은 감정의 상처는 곧 그 사람의 예민한 감각과 무감각의 형태로 나타난다는 걸 명심하자.

엄마 뱃속에서부터 태어나서 무엇을 만지고, 어떤 음식을 먹었고, 누구의 목소리와 어떤 소리를 자주 듣고 자랐는지, 가장 강한 애착 대상인 부모님이 가진 감정을 느끼고 배우며 그 감정을 어떻게 표현하는가를 모방하며 살아간다. 그리고 지금 나는 이 세상에서 무엇을 중요하게 생각하고 또 보고자 하는지, 난 왜 이 물건에 좋아하게 되었고 수집, 집착?을 하게 되고 다른 사람들과 같은 것을 보고 있지만 나만 다르게 느끼고 다른 것을 생각하게 되는 이유가 무엇인지, 왜 난 특정한 톤과 목소리에 예민한지, 왜 음식을 가리는 게 많고 음식을 천천히 또는 빨리 먹는지 등… 무의식에 잠재된 기억들은 사실 현재 자신의 감각들을 통해 연결되어 나타나고 우리의 어린 시절의 경험을 말해주기도 한다는 것을 기억하자.

우선, 아이의 발달을 이해해야 한다. 아이의 신체는 머리에서부터 가슴, 가슴에서 사지로 발달하고, 아이의 신경-감각 체계, 호흡-순환 체계(리듬 체계), 사지-신진대사 체계 순으로 발달하는데, 이때 우리가 아이들에게 줄 수 있는 최고의 교육은 좋은 감각 자극을 주는 것이다. 좋은 감각 자극을 발달시키기 위해선 신경-감각 체계를 발달시켜야 하는데, 이는 아이가 세상을 만지고, 맛보고, 냄새 맡고, 듣고, 보는 등 다양한 감각 경험을 통해 발달한다. 그러므로 아이에게 다양하고 긍정적 감각 경험은 곧 밝고 좋은 감정 경험이 되는 것이다.

오늘날, 감각적으로 어려움이 있는 아이는 크게 3가지로 예를 들 수 있다. 무얼 시켜도 하지 않고 겁을 먹은 얼굴로 앉아 있는 소극적인 아이, 한시도 가만히 있지 못하고 돌아다니는 산만한 아이, 삶에 아무런 기쁨이 없는 것처럼 무표정하고 무기력한 아이로 나눌 수 있다. 교사들은 이런 아이들을 가르치는 일이 점점 더 어려워지고 있다고 한다. 이는 수업보다 아이들을 바르게 앉히고 집중을 시키는 일이 더욱 어렵기 때문이다.

발도르프 교육의 창시자 루돌프 슈타이너에 따르면 인간은 7년 주기로 모든 리듬이 바뀌게 되는데, 자아가 건강하게 확립되는 25세를 기준으로 그 리듬은 형성되어 7년 주기마다 매번 반복적으로 흐른다.

0세   ★   100세
신체 감성 사고   **자아형성**   사고   감성   신체   신체   감성   사고   사고 감성 …
(0~7) (7~14) (14~21) **(25세 전,후)** (29~35) (36~42) (43~49) (50~57) (58~64) (65~71) … … …

0세~7세는 모방과 신체의 발달, 7세~14세 감성의 발달, 14세~21세 사고의 발달을 이루고 이 7년 주기의 발달은 이후의 발달에 영향을 미치고 이후로도 계속해서 반복한다. 25세 기준으로 전 발달형성이 정상적으로 이루어지지 않고 고착이 된다면 그 리듬은 깨어져 고립과 결핍의 증상들이 지속적으로 나타난다. 즉, 0세~7세 신체발달의 고착과 결핍은 43세~49세의 결핍증상으로, 8세~14세 감성발달의 고착과 결핍은 36세~42세에서의 결핍증상으로, 15세~21세 사고발달의 고착과 결핍은 바로 29세~35세까지 그 결핍증상들은 계속 이어진다는 뜻이다. 인간을 사고와 감성 그리고 사고의 구성으로 이루어진 하나의 커다란 리듬으로 이해하면 쉬울 것이다.

하지만 내가 25세 전의 환경이 건강한 발달형성이 이루어지지 않았다고 해서 두려워할 필요가 없다. 그 결핍과 고착증상들을 줄이거나 도움을 줄 수 있는 예술적·심리치료적·교육적인 방법의 건강한 예술 활동을 통해 쉽게 이해하고 활용하도록 방법을 소개하고자 한다.

아이의 발달을 7년 주기로 나누어 설명하고 모든 아동·청소년들의 건강한 발달에 도움을 주는 '발도르프 예술 활동'을 통해 매주 하나씩 쉽게 하나씩 활용하여 건강한 자아가 확립된 조화로운 인간으로 삶을 행복하게 살아가는 데 도움을 주고자 한다.

I. '7'의 법칙

발달단계에 따른 적절한 학습 과정 소화

[태아와 신생아의 감각]

i. 촉각 형성의 중요성

　태아가 처음 세상에 나와 가장 먼저 발달하는 감각은 촉각이다. 엄마와 분리될 때 완전하게 형성되는 촉각은 그 자체로도 충분히 태아에게는 공포일 수 있다. 아이들의 정신과 영혼은 엄마의 배 속에서부터 신체에 깃들며, 태아는 엄마의 목소리를 듣고 배 속에서 촉각적 경험도 한다. 아주 무의식적인 차원이지만 태아는 양수의 단맛에도 미각적 반응도 한다. 이를 통해 인간은 단맛에 매우 예민하다는 것을 알 수 있다. 갓난아기에게 엄마가 모유를 먹이는 과정도 그렇다. 엄마의 따뜻한 살갗의 온기를 느끼는 소중한 촉각 경험은 엄마와 육체적으로 분리된 태아의 두려움과 공포감을 부드러운 감각과 감정의 경험으로써 다가가 없애주는 것으로 아주 중요하다 할 수 있다. 스스로의 의지로 만질 수는 없지만 듣고 느끼는 것 또한 신생아의 촉감 형성에 많은 영향을 끼친다.

ii. 신체 발달의 시기 – '모방과 본보기' 중요

이 시기에는 걷기, 말하기, 생각하기를 배우는데 가장 활발하게 발달하는 것은 신체 발달이다. 유아기 아이들은 의식이 아직 완전히 깨어나지 않았기에 주어진 환경 속에서 무의식적으로 모방하는 것 외에는 할 수 있는 것이 없다. 이 시기의 교육의 원리는 모방과 본보기가 된다. 그래서 이 시기 교육의 과제는 아이들이 모방할 만한 물리적·심리적·도덕적 환경을 제공하는 일이 무엇보다 더 중요하다. 이 시기에 부모의 생각과 행동, 감정표현에 따라 아이는 자신이 어떤 생각과 행동 그리고 감정을 느껴야 할지를 정한다고도 볼 수 있다. 이때 보고 배우면서 알게 된 것은 아이가 성장하면서 좌절과 실패를 경험했을 때에 진정한 형태로 발현되는데 다시 회복할 수 있는 탄력적인 에너지로 또는 성공할 수 있는 힘과 밑거름으로 나타나게 될 것이다.

또한, 아이는 엄마 배 속에 있을 때는 엄마로부터 양분을 받지만, 엄마와 분리되고 나서는 자신의 힘으로 자신의 신체 기관을 형성해 나가고 7세 즈음 이갈이를 한다. 이갈이를 한다는 것은 기본적인 신체 기관의 형성이 이루어졌다는 뜻이다. 앞으로도 계속 발달해가겠지만 이때부터 태어났을 때의 몸과 완전히 다른 몸이 되었기 때문에 엄마와 아빠로부터 받은 유전적 특성으로부터 자유로워질 수 있다. 7세부터 이갈이와 함께 기억하는 힘이 강해지는데 이때 본격적인 학습을 할 수 있다. 말하기는 걷는 움직임에서 발달하고 생각하는 힘은 말하기에서부터 발달한다. 이 시기 아이들은 커다란 하나의 감각기관으로 주변 환경과 인물들로부터 모방하고 흡수한다. 그렇기에 곁에서 신중한 모습과 사랑스런 마음으로 분명하고 올바른 생각을 할 수 있어야 한다. 학습에 있어서 신중한 접근의 이유는 너무 이른 시기의 학습은 아이의 기운과 형성력에 영향을 주어 아이의 몸이 약해질 수 있기 때문이다. 이 시기에서의 사고력은 독립된 기운의 작용으로 20분 수업을 하고 금세 지치는 아이들도 있다. 이 시기 아동에게 빠른 학습은 신체 발달의 시기를 고착시켜 고착을 결핍으로 만드는 위험한 행동이다. 아무리 좋은 교육적 의도가 있어도 아이의 온전한 성장에 독이 될 수 있다.

이 시기 발달에 추천하는 예술 활동으로는 조형, 조소(입체활동)이다. 매체 종류에는 천사토, 클레이, 지점토, 밀가루 활용 등으로 신체에너지를 모두 활용하는 입체 조형 활동은 엄마 뱃 속에서 나와 척추에 힘이 들어가게 하고 자신의 두 발로 걸어 다닐 수 있게 된 순간의 기쁨을 기억, 인지하게 하고 그렇게 성장하는 동안 신체에 필요한 여러 감각을 일깨워 준다. 특히 긴장된 신체의 이완이나 산만하고 공격적인 신체의 통제력을 향상시켜주기 때문에 꼭 필요한 활동이다. 몸으로 인지하는 입체적 활동이 먼저 이루어진 후에 기억과 인지를 더욱 강화시키는 평면활동으로 넘어가는 것을 추천하는데 이 평면활동에는 다른 매체보다도 부드러운 파스넷이나 크레파스를 추천한다. 손끝의 감각과 소근육을 향상시키며 자연스럽게 신체와 사고를 연결해 줌으로써 이 시기 아동에게 적절하다.

[두 번째 주기 7세~14세]

iii. 감성 발달의 시기

이 시기에는 현저하게 발달하는 것은 영혼 즉, 감성적 특성을 가지는 시기로 마음이 독립하는데, 이것을 감정생활의 독립이라고도 한다. 2단계가 되면 성장과 발달의 힘은 머리로부터 아래쪽 가슴으로 흐르고 반면에 의지의 힘은 손발과 신지대사(신체)로부터 위쪽 가슴으로 올라온다. 신체는 급속하게 자라지만 내적인 영혼에 맞춰진 발달로 금새 이 시기는 불안감을 느낀다. 사고하는 힘과 의지의 힘이 감정영역에서 만나 상호간에 적응단계를 거치는데 흔히 사춘기 진통이라고도 말하며 이는 교육적으로도 중요한 의미를 갖는다. 사고하는 힘과 의지하는 힘의 균형이 감정영역에서 올바르게 형성될 때, 도덕적(양심) 행위를 할 수 있기 때문이다. 신체와 감정의 불균형이 쉽게 오고 감정의 불균형 상태는 늘 힘들고 외롭다는 우울감과 공허함으로 표현되어 나타난다.

이 시기의 교육적 핵심은 머리가 아닌 가슴으로, 감정과 관련된 교육으로, 상상력을 통한 내면적, 정서적인 활동이 좋다. 내적 성장이 급성장하는 이 시기에 추천하고 싶은 활동으로는 여러 가지 색으로 자신의 감정을 표현할 수 있는 물감 작업 즉, 습식수채화활동이 있다. 주제로는 '헨젤과 그레텔', 색이야기 '노랑과 파랑' 등등 자신의 감정과 타인의 감정을 이해하고 표현, 해소하면서 내면의 성장통에 큰 변화와 도움을 줄 수 있다. 그리고 읽고 쓰기에도 도움을 주는 형태 그리기(포르멘) 활동을 추천하는데 이 활동은 놀이적 요소의 재미와 유희적인 리듬의 표현으로 긍정적인 감정과 사고를 연결하여 효과가 좋다.

iv. 독립된 사고확립의 시기

만 21세까지는 머리, 즉 사고력 발달에 집중하며, 자아가 독립하는 시기이다. 이 시기부턴 아이가 아닌 성인이기에 누구로부터 권위적인 교육을 받지 않으려 하고 자기 스스로 자기교육을 하고자 한다. 여기에 우리가 아이를 바르게 교육해야 하는 이유를 말할 수 있다. 온전한 삶을 살아갈 수 있게 아이 본인만의 건강한 자아의 탄생 또는 독립을 위해서다. 이 시기 교육의 본질은 자신만의 개성적이고 추상적이며 개념적인 사고력 발달이다.

7세~14세 아동들에게는 주변인물의 권위적인 모습에서 안정감을 찾았다면 이 시기부터는 그 권위에 대해 의문을 품고 자기 자신의 자유를 발달시키고 자기 판단력이 성숙해지고 독자적인 판단을 하고자 한다. 이때, 지나치게 수동적이고 주입식인 교육과 내면적 발달이 결여된 교육을 거친 아이는 독립된 자아의 형태로 스스로 판단하는 데 어려움을 겪을 가능성이 높다. 지금 무엇을 좋아하고 싫어하는지 또는 어떻게 살아가야 할지 등 삶의 방향성을 잃고 스스로 사고하는 생각하는 힘이 부족해져 자신이 누구인지를 따지고 근본적인 자아상에 의문을 품기 시작하여 고립되고 외로워한다. 결국, 아이를 올바르게 교육한다는 궁극적인 목적은 자아의 탄생 또는 자아의 독립을 스스로 알아차리게 하고 이루어내도록 하는 것에 있다.

건강한 자아는 25세를 기준으로 전과 후에 독립된 자아의 형태로 확립한다면, 나는 나의 삶에 있어 그동안 항상 좋아했었고 지금도 좋아하는 것, 또 싫어하는 것 그리고 뚜렷한 그 무엇이 있어 그것을 향해 잘 가고 있는지를 생각해보자. 7년 주기를 반복하며 나는 어떤 고착현상과 어떤 결핍을 가지고 지속적으로 살아가고 있는 것일까? 현재 자신의 삶에 여러 결핍 증상을 통해 자신의 어린 시절 발달을 이해할 수 있을 것이다.

나의 삶… 나의 자아…
나는 어떤 자아를 가졌는가, 또한 나의 본질은 무엇인가.
지금 나 자신에겐 어떤 결핍이 있는지를 알아보아야 할 것이다.
왜냐하면, 자신의 삶에 있어 어떤 기준을 가지고 어떤 선택을 하느냐가
그 사람의 본질을 말해주기 때문이다.

건강한 자아의 확립은 삶을 풍요롭게 한다. 건강한 자아를 가진 성인으로 키우는 것이 이 발도르프 교육의 목적이다. 발도르프 교육은 아이의 발달에 따라 예술이라는 도구를 접목시켜 교육함으로써 온 마음을 다해 자신의 삶을 지혜롭게 사랑하고 무엇보다 긍정적이며 탄력적인 사고로 살아가도록 돕고자 한다.

이 시기에는 회화적 감성을 벗어나 감각적인 지각과 창의적인 자기 사고력을 가진다. 추천하는 예술활동으로는 기하학적인 문양과 형태그리기 또는 일정한 패턴의 수공예활동(바구니짜기, 목공예, 금속공예 등)과 목공예활동을 추천한다.

II. 지금, 여기, 나

자아와 자아 감각의 중요성

지금부턴 자아에 관한 이야기를 중요하게 다루고자 한다. 자아를 제대로 알기 위해선 자아 감각에 대해 알아야 한다. 자아 감각은 타인의 자아를 지각하고 공감하는 감각이다. 슈타이너의 12감각론에 따르면 자아 감각과 가장 밀접한 관련을 맺고 있는 감각은 바로 촉각이다.

촉각과 자아 감각의 관련성을 설명하자면, 어릴 때 촉감놀이를 충분히 하지 못하고 성장을 한 경우 스킨쉽을 극도로 싫어하거나 강박적인 성향의 아동으로 성장할 가능성이 매우 높다. 칭찬을 받을 때에도 누군가가 자신의 머리를 만지거나 손을 잡는 것을 극도로 어색해하거나 싫어하게 되며 극단적으로는 이타적인 감정 또는 공감능력이 부족하게 될 수 있다. 그리고 애착형성에 문제가 생기거나 또는 전뇌(좌뇌, 우뇌)가 발달하지 않았을 때, 다른 감각기능보다 촉각에만 의존하는 경우가 있다. 실제 전뇌 발달 장애(18세, 2세 지능)의 경우 다양한 기법의 미술치료가 어렵고 부드럽고 따뜻한 매체(양모나 털실, 천사토 등)의 촉감놀이에서는 긍정적 자극과 그 효과가 나타나기도 한다.

자아 감각이 제대로 발달하지 않은 사람은 어떤 모습을 보일까? 다른 사람에게서 자아를 잘 감지하지 못하는 경우 타인을 인격체로 느끼지 못하고 일종의 사물과 같이 인식한다. 실제로 성인이 된 이후에도 자아 감각의 형성이 잘못되어 더디거나 제대로 작동하지 않는 사람들은 매우 폭력적이고 자기중심적으로 행동한다. 모르는 타인이나 이웃에게는 친절하게 행동하고 진작 가족에게는 자신의 감정 쓰레기통으로 취급하는 사람, 자신의 불안함과 자격지심을 타인을 향한 불신과 공격으로 행하는 사람으로 요즘 뉴스에서 흔하게 접하는 갑질 행위나 폭력, 살인, 아동 학대 등 마비된 자아의 형태로 많이 엿볼 수 있을 것이다. 반대로 자아 감각이 풍부하게 발달한 사람은 공감 능력이 뛰어나고 이타성이 높아 타인과 약자를 위한 사회봉사 정신이 뛰어나다. 가정 내에서의 모습에서도 사랑과 애정을 받고자 하기보다는 항상 기쁨과 행복을 주고자 하며 이런 이타적 공감은 무조건 상대방의 편을 들어주는 것이 아니라 그 사람의 입장에 서서 느끼는 행위로서 타인의 입장에서 자신의 입장으로 대입한다. 이를 바탕으로 상대방의 자아를 감지하므로 금세 타인을 이해하고 공감하며 함께 어울려 살아간다.

한편, 인간만이 가진 고유한 감각에는 자아(자신에 대한 의식이나 관념), 사고(생각하는 힘)와 언어(사회관습적인 체계에서 전달수단)가 있다. 사고 감각은 다른 사람의 생각을 지각하는 것이고, 언어 감각은 다른 사람의 언어를 지각하는 것이라 할 수 있다. 자아 감각이 잘 형성된 사람은 소리 속에서 언어를 파악하고, 언어 속에 담긴 의미를 이해하며, 생각의 주인인 그 사람의 자아를 잘 감지한다. 우리의 상위 감각 즉, 고유감각이 하는 일이다.

여기에 가장 필요하고 중요한 요소가 바로 자아이며, 자아 감각이다.

건강한 자아를 향한 아이들을 위한 교육.

지금! 여기! 서 있는 나를 위해 세상 모든 일과 자신 스스로의 삶에 감사함과 책임감을 느끼고 행동을 할 줄 아는 아이로 키우는 것이 교육의 궁극적 목표이다.

III. 나, 너, 우리

건강한 자아를 위한 발도르프 수업 TIP

(습식수채화 위주)

발도르프 교육에는 대표적인 주요(에포크)수업이 몇 가지 있다.

신체 리듬과 조화를 가져다주는 오이리트미활동과 조형/조소활동이 있는데 무엇보다 중요한 필수적인 수업이 있다. 감정의 표현과 해방감을 주는 습식수채화활동과 감정의 통제와 절제, 끈기, 인내심 등에 도움을 주는 베일페인팅기법의 건식수채화활동이 그렇다. 특히 습식수채화는 자신의 감정표현과 타인의 감정인지능력 향상에 도움을 주기에 '우리(함께)'라는 공동체의식과 사회성, 조화로운 관계 형성을 위한 필수수업이라 할 수 있다. 습식수채화는 젖은 종이에 하는 활동으로 종이의 의미는 타인의 감정이나 자신의 주변환경이 되어야 한다. 그리고 그 위의 떨어지는 여러 가지 색들은 나의 여러 감정(슬픔, 기쁨, 분노 등)과 관련되어 있기에 이런 색의 어울림을 잘 느끼고 관찰할 수 있도록 교육해야 한다.

Tip & Talk

젖은 종이 = 타인의 감정, 내 주변 환경
그 위에 그려진 색과 이미지 = 나의 생각과 감정

확고한 자기 주도성을 가지며 사회화가 잘 된 자아가 건강한 아이로 자라길 원한다면 습식수채화활동을 권장하며 아동발달에 따른 습식수채화활동의 이해와 적용을 돕기 위해 간단한 주제설명과 꼭 필요한 TIP을 제공하고자 한다.

습식수채화 활동시간에는 색의 움직임과 아름다움을 즐길 수 있다.

마법 같은 색의 힘으로 우리는 때로 웃고 슬퍼하며, 때로는 고통스러워하듯 색으로 이야기를 나누며 즐긴다. 수채화활동을 준비하는 과정에서 아이들은 수다스러워진다. 물을 떠오고 붓과 여러 색을 준비하면서 상상하는 시간이기 때문이다. 하지만 도화지에 물을 칠하면서 금새 점점 몰입하고 진지해지는 모습의 자신을 발견한다. 수채화의 매력에 빠져드는지 색깔이 주는 인상을 즐기고 천천히 그림을 완성해가는 아이들이 많아지는데 빨간색을 유독 많이 쓰는 아이, 물이 많은 아이, 물을 쓰는 것을 겁내 너무 건조한 그림을 그리는 아이, 별이나 꽃을 아주 크게 많이 그리는 아이, 아주 조그맣게 그리는 아이 등등. 아이들의 그림은 아이들의 기질을 그대로 나타내 보여준다.

습식수채화활동은 그 자체도 교육적 의미가 있지만, 그보다 더한 치유효과의 의미가 있기에 학년별로 간단한 활동TIP을 주고자 한다.

TIP & TALK 활용

1학년 – 한 가지 색을 깊이 느껴보며, 진하게 또는 연하게 펼쳐 도화지를 채운다. 색깔놀이를 즐길 수 있도록 재미있게 이야기를 들려주면 좋다. 두 가지 색의 만남, 노랑과 파랑은 노랑과 초록보다 아름답다는 것, 색깔들 사이의 이야기, 색깔들 사이의 균형과 조화 찾기, 다른 색을 배려하기, 색깔 뜀뛰기, 색깔이 서로 만나서 서로 변화하기.

2학년 – 두 가지 또는 세 가지 색의 만남, 색의 우연한 만남, 보색의 만남과 조화, 색의 마법, 마법에서 풀려나기. 세 가지 색의 균형과 조화, 색 위에 색칠하기(한 가지 색을 연하게 칠하여 색 바탕을 만든 후 다른 색을 올리는데 전혀 다른 느낌!).

- ▶ warming up: 노랑 햇살과 파랑 하늘 덮개 환한 황금빛 햇살이 온 누리를 비춰주고, 파랑 하늘 덮개가 포근히 감싼다. 노랑(빛)과 파랑(어둠)의 서로 다른 느낌의 표현.

- ▶ 색의 만남: 노랑과 파랑 – 빛과 어둠의 조화, 밝고 활기참과 어둡고 조용함, 태양과 땅. 옆에 가까이 있지만, 아직 서로 섞이지는 않도록.

- ▶ 색이 서서히 섞인다. 노랑+파랑→녹색 (서로 인사, 악수, 껴안음) 햇빛과 땅의 만남에서 물은 서로를 만나게 해주는 촉진제 역할을 함. 경계에 나타난 초록은 들판과 풀의 이미지(내적 에너지 형성).

- ▶ 색이 완전히 섞인다. 녹색(새로운 탄생).

- ▶ 초록 바탕에 노랑, 빨강 꽃 – 보색의 아름다움, 색을 지우고 다른 색을 칠하는 방법 배움

- ▶ 빨강과 노랑(Goldgelb)의 만남: 강한 에너지, 따스함, 열, 밝음.

- ▶ 색이 섞임: 오렌지(빨강이 되고 싶으나 용기가 없는 주황 '중화').

- ▶ 완전히 섞임: 보라와 노랑, 어두운 보라색의 밤에 노란 별 (보색 관계), 모두 잠자게 하는 넓고 깊은 신비로운 밤하늘(보라)에 작고 반짝이는 별빛 같은 요정(노랑).

- ▶ 반대로 노랑 바탕에 보라색 꽃(전환): 밝은 햇빛 속에 수줍은 붓꽃, 제비꽃.

- ▶ 파랑 바탕에 황금 노랑: 신비롭지만 차가운 물속 귀엽게 헤엄치는 물고기.

- ▶ 초록 바탕에 순수한 빨간: 신선한 초록 넝쿨 속 순수한 사랑과 열정을 가진 빨간 장미.

- ▶ 파랑〉노랑: 달을 사랑하여 신에게 버림받은 그리스 신화의 요정, 마법에 빠져 춥고 비가 많이 오는 어두운 밤에 피어 있는 외로운 달맞이꽃.

- ▶ 3가지 색의 만남 – 빨강(큰 소리, 적극적, 활동적), 노랑(호기심, 귀여운, 밝음, 가벼움), 파랑(수줍음, 소극적, 기다림): 파랑이 바닥에 누워서 쉬고 있는데, 빨강이 와서 놀자고 파랑을 깨우지만 파랑은 귀찮다. 그 모습을 지나가던 노랑이도 와서 재잘거리자 멋쩍은 듯 파랑이 기지개를 켜며 일어나자 같이 재미있게 춤춘다.

- ▶ 색깔 뜀뛰기: 빨강, 노랑, 파랑이 뜀박질을 하면서 논다. 서로의 자리를 지켜주면서.

▶ 색깔 위에 색깔: 파랑 바탕 위에 노랑, 파랑 바탕 위에 빨강, 노랑 바탕 위에 파랑, 노랑 바탕 위에 빨강.

▶ 차가운 색(파랑계열), 따뜻한 색(빨강계열).

▶ 점 찍어서 표현(물방울 소리), 선으로 표현(장마 빗소리) 등: 청각(경험)을 통해 감정 표현.

3, 4학년 – 색의 조화와 감정의 확장. 보색 관계의 색깔들의 마법에 걸렸다가 다시 풀려나기(만남, 변화, 변형, 다시 자신의 모습 되찾기), 밝은 색과 어두운 색, 역동적인 색 변화(보색 관계_싸움, 대비)와 감정변화인식.

▶ 그리스 신화나 성서이야기(스토리텔링): 영혼적, 기질의 이해, 뜨겁고 따뜻하고 밝고 어둡고 무섭고 시원하고 춥고 가볍고 무거운 정서적인 분위기(기쁨, 진지함, 슬픔, 화 등의 다양한 감정변화와 정확한 감정표현).

▶ 계절의 분위기(여름, 겨울, 봄, 가을), 절기의 분위기(크리스마스, 부활절 등), 하루의 분위기(아침, 점심, 저녁, 밤): 자신의 시각에서 타인의 시각으로 변화하는 시기, 주변 관찰로 확장된 시각, 감정의 객관화.

▶ 동물 그리기: 내적 에너지와 감정의 해방감을 시각화.

5, 6학년 – 내, 외적 확장을 돕도록 하고 섬세한 관찰과 세밀한 표현을 가지게 하고 자연과 우주에 대한 생성의 이해와 넓은 인식의 과정.

▶ 4대 원소(불, 물, 공기, 흙), 자연의 분위기(햇빛이 쨍쨍한 날, 구름낀 분위기, 비오는 날, 춥고 으스스한 분위기, 천둥 번개치는 분위기).

▶ 식물화와 식물의 분위기(식물의 원형, 나무의 원형 – 순수한 분위기의 자연 속에 있는 나무 이미지): 나무 관찰하여 스케치하기, 꽃의 상징(파랑 –제비꽃, 붓꽃. 노랑– 해바라기, 민들레. 빨강 – 장미, 양귀비 등), 씨앗의 형성, 줄기와 뿌리, 잎, 꽃봉오리, 개화된 꽃, 번데기, 애벌레, 나비, 빛, 양분, 물 등.

▶ 동물화: 초록 위에 빨강 다람쥐, 파랑 위에 노랑 또는 오렌지의 오리, 초록 들판 위에 사자 또는 노란 병아리, 초록 밭 위에 일하는 파란 소(형태에 너무 치중하지 말 것, 선을 쓰지 말 것.

그리스 신화, 식물, 동물 등).

▶ 광물학, 흑백 드로잉: 빛의 이해, 물질의 이해, 영혼적인 주제로 연습하였고, 물리학에 맞춰 일출, 일몰의 그림과 호수에 물방울이 떨어져 생기는 동심원 등을 나타냈다. 베일 페인팅으로 들어가면서 그림이 마르기를 기다리는 동안 관찰, 연습.

▶ 색깔 천천히 연해지기, 천천히 진해지기 연습, 색깔 위에 색깔, 베일 페인팅 등 그동안 배운 습식수채화를 연습.

▶ 베일 페인팅 – 여러 시간에 걸쳐 한 가지 색의 여러 단계의 톤으로 완성, 끈기와 인내심, 집중력 향상.

▶ 일출 또는 일몰, 초록 벌판 위의 붉은 또는 황금 태양(그라데이션기법으로): 섬세한 자연관찰, 역동적인 색 변화의 싸움(빛과 어둠 사이의 색 변화, 빛은 강한 어둠이 있기에 밝음을 인식)

▶ 무지갯빛 – 확연한 선 없이 천천히 변해가도록.

▶ 초록의 평화로운 숲속 또는 초록빛 풀밭에 앉아 있는 상상.

▶ 관찰하여 그리기 – 나무, 꽃, 버섯과 고사리, 풍경 등(세 가지 이상의 다른 나무 형태 그리기. 나무의 종류에 따라, 계절에 따라, 다른 방식으로 쓰기 좋음)

▶ 드로잉 연습 – 변화에 강한 드로잉 기법(수평선, 수직선 이용) / 목탄의 넓은 면 이용(흑백의 매력)

▶ 자유 그림

　아이들에게 이런 필수적인 습식수채화활동은 풍부한 감성 표현으로부터 시작해 창의적이고 독립된 사고와 신체를 가진 건강하고 조화로운 사회의 한 일원으로서 성장하게 될 것이다.

　하지만 발달적으로 사춘기 시기가 되면 교감과 함께 반감 또한 매우 강해진다. 반감 속에서 자의식이 깨어나고, 교감과 반감의 조화로부터 자아 감각이 형성된다는 것을 잊지는 말자. 자아 감각을 통해 공감하는 힘도 커지기에 사회적 관계가 회복된다.

무엇보다 자아가 건강한 사람들은
자신의 삶에 만족할 뿐만 아니라
타인과의 상호관계성도 좋다.

나와 너 그리고 우리는
서로 필수불가결의 요소인
사회적 관계로 형성되었다는 것을
잘 이해해야 한다.

살아있는 자연과 함께
스며드는
발도르프 교육에는
아동발달을 이해하면서
다각화된 예술 경험과
교육 연계만으로도
충분히 건강한 자아형성을 이루도록 돕는다.

IV. 나랑 발도르프 예술하자
(1년 교육과정, 치유효과성 up)
프로그램 30

★ 나랑 발도르프 예술하자 1 ★

교육주제	[오이리트미 1] **수업의 시작과 감각 열기**
교육목표	아동의 몸 전체에 스며들어 있는 아동 안에서의 "춤의 요소"를 포함하는 기초적인 오이리트미를 통하여 발달시킨다. → 자신의 감각과 내면에 집중할 수 있는 힘과 자신감 향상 도움을 줌.
대상	4세~초등 저학년
준비물	오이리트미 옷 / 안대 / 면줄 / 5색 가죽끈 / 유리잔 / 비닐 / 여러 촉각 매체(콩, 돌, 털실, 플라스틱 조각, 나뭇잎 등)
활동순서 및 방법	① 발 구르기(발소리로 리듬을 만들어 상대방이 알아맞히기) ② 손 구르기(손뼉 소리로 리듬을 만들어 상대방이 알아맞히기) ③ 신체를 이용한 반복되는 다양한 리듬 활동 찾기 및 소리연상
TIP	★ 공동체 의식향상(타인의 배려)과 감각 열기를 위한 활동을 위주로 하길 추천한다. ★ 고유 운동 감각과 균형 감각 향상을 위한 감각체험 놀이를 할 때, 아이들은 안대 착용(시각 외 감각 향상)에 고유의 호기심이 드러나 재미를 느끼고 집중을 잘할 수 있다. **※당부할 점※** 아이가 자신의 감정이나 생각을 신체(행동)로 표현하는 것을 어색해하거나 부끄러워하며 다른 사람의 눈치를 볼 수 있다. 이때 아이를 다그칠 것이 아니라 아이의 성향을 자연스럽게 받아들여야 한다. ex. 시선을 피하거나, 앞을 보지 않고 머리를 들어 올리는 신체 움직임, 턱을 든다거나, 손을 뒤로 젖히거나, 옆 친구의 얼굴을 보는 행동 등

IV. 나랑 발도르프 예술하자 (1년 교육과정, 치유효과성 up) 프로그램 30

⭐ 나랑 발도르프 예술하자 2 ⭐

교육주제	[오이리트미 2] **시 낭송과 리듬 활동**
교육목표	하루의 리듬, 일 년의 리듬, 기억과 망각의 리듬으로 이루어지며 창의적 활동이라는 날숨의 리듬 그리고 신체적 긴장과 이완을 경험한다.
대상	7세~초등 고학년
준비물	오이리트미 옷 / 안대 / 면줄
활동순서 및 방법	▶ 내 안에 완벽한 오각별 만들기 ① 동물 오이리트미(인간과 동일) ② 계절 오이리트미(지구로 확장) ③ 4대 원소 오이리트미(우주로 확장)
TIP	★ 활동 ②, ③ : 주변 환경을 인지시켜주고 자아를 성장, 확장하는 신체활동이다. ★ 확장된 활동으로 오각별 만들어 중심에 한명씩 서 보는 것을 추천한다. → 중앙 에 서서 다른 아동의 시선에 관심과 집중된 가운데 소속감과 공동체 의식 향상할 수 있음. **※당부할 점※** 아동 내면에서 고유의 장난기를 일깨워 신체적 리듬을 원활하게 도와 아동에게 자아의 자유를 느끼게 해야 한다.

IV. 나랑 발도르프 예술하자 (1년 교육과정, 치유효과성 up) 프로그램 30

★ 나랑 발도르프 예술하자 3 ★

교육주제	[오이리트미 3] **음악 / 언어 오이리트미**
교육목표	예술적 경험을 통하여 예술적 요소 즉 음악적으로 균형 잡힌 감정을 내면에 자라게 하고 신체화 훈련을 하게 한다. 다양한 리듬과 멜로디에 맞추어 자신의 심장이나 호흡에도 리듬을 발견하게 되고 그 대상과의 감정이나 리듬과의 관계를 알아내는데 호흡을 관찰하게 한다.
대상	7세~14세
준비물	오이리트미 옷 / 면 줄 / 막대 / 마라카스
활동순서 및 방법	① 2인 1조 – 오각형, 원, 또는 숫자 '8'을 표현하면서 동요(1/4박자)를 부른다. ② 직선과 곡선의 차이를 경험한다. ③ 4인 1조 / 8인 1조 – 특정한 단어나 모음과 자음 또는 알파벳을 신체로 표현하기 ④ 2인 1조 – 한 명은 안대를 하고 한 명은 마라카스를 소리를 내면서 천천히 호흡을 맞춘다.
TIP	★ 활동 ①: 바닥 위에 표시된 '8'모양의 오이리트미를 자신의 호흡(노래 박자)과 손과 발에 맞추어 표현하게 해야 한다. ★ 여러 명이 하나의 호흡으로 신체와 박자를 맞추도록 노력해야 한다. ★ 반복된 연습으로 서로를 관찰하도록 해야 한다. ★ 8인 1조의 활동인 원에서 오각형을 만드는 오이리트미의 활동을 통해 움직임에 신체적 자유로움과 공동체 의식을 느끼게 하도록 해야 한다.

IV. 나랑 발도르프 예술하자 (1년 교육과정, 치유효과성 up) 프로그램 30

★ 나랑 발도르프 예술하자 4 ★

교육주제	[오이리트미 4]
	예술 오이리트미

교육목표	청각과 감정을 연결하여 자신의 몸동작을 나타냄으로써 자신감을 향상시키며 좋은 흐름과 좋은 동작의 표현으로 신체를 움직임과 동작들을 수단으로 하여 동작 예술 이라는 새로운 힘을 발견한다.

대상	4세~13세

준비물	오이리트미 옷 / 클래식 음악

활동순서 및 방법	① 빗소리, 천둥소리를 듣고 느끼는 감정을 신체로 표현 ② 고래의 울음소리, 파도 소리, 돌고래의 움직임 ③ 클래식 음악 듣고 표현(ex. 봄의 왈츠 / 기쿠로지의 여름 / 비발디 가을 / 비발디 겨울 등)

TIP	★ 다양한 소리(자연의 소리 or 클래식 or 동요)를 들으면서 편안함과 자유로움을 느끼게 해야 한다. ★ 사고와 감정 그리고 신체의 통합을 이루어 창의적 표현을 하도록 유도해야 한다. ★ 자신의 신체를 자유의 의지대로 표현하게 해야 한다.

★ 나랑 발도르프 예술하자 5 ★

교육주제	[오이리트미 5] **자유 오이리트미**
교육목표	신체의 조화로움을 향상해 손과 발의 감각을 이용하여 막대 또는 다른 물건을 다른 사람에게 이동시킴으로 신체와 언어의 리듬을 듣고 생각과 행동을 일체화하며 공동체 의식을 향상시킨다.
대상	4세~13세
준비물	오이리트미 옷 / 클래식 음악
활동순서 및 방법	① 릴레이 게임 ② 깃털 잡기 ③ 막대던지기 ④ 미카도 게임(두 손 활용) 등
TIP	★ 척추를 바로 세우고 머리부터 발끝을 인지하면서 순간 집중력과 순발력으로 자신의 신체에 집중해야 한다. → 자신의 힘을 조절하게 되고 원을 두른 아이들은 서로의 호흡과 리듬 그리고 서로 하나 됨을 느낄 수 있음. ★ 전체 활동에 있어서 규칙의 중요성을 알게 하고 지키게 해야 한다. ※**주의**※ 집중력과 순발력, 관찰력 필요 *미카도게임: 대나무막대기 활용한 초집중 테이블게임으로 소근육 향상 및 시지각 훈련 도구

★ 나랑 발도르프 예술하자 6 ★

교육주제	[습식수채화 1] **색채의 마법**
교육목표	슈타이너의 12감각 중 생명 감각 향상과 예술의 풍부한 원천과 관찰의 힘과 색을 다양하게 사용해봄으로써 감정조절능력과 감정 표현능력을 향상시키며 역사나 과학 등의 사실적 학문에 도움이 되게 한다. 또한, 객관적 사고가 시작되는 시기로 불안전한 영혼에 질서를 가지게 해준다.
대상	4세~10세
준비물	발도르프 물감 또는 일반 수채화 물감 / 4절지 또는 8절지(수채화용) / 스펀지 / 납작한 빽 붓 / 납작한 16호 붓(인당) / 투명 컵과 종이컵 / 휴지이나 헝겊
활동순서 및 방법	* 색을 관찰할 수 있도록 투명 컵 사용하기 ① 습식 수채화 도구준비 및 지도법 　– 화판, 스펀지, 물병을 하나씩 책상 위에 나눠 진행 　– 괴테의 색채론: '색채조화론'에 대한 색 연습 　– 색채의 세분화와 색의 톤으로 주변 풍경과 감정을 표현 ② 색 의인화하기 or 색으로 만드는 동화 이야기
TIP	★ 자연 고유의 색을 연상하고 색 혼합과정에서 발현되는 색을 직접 관찰, 경험할 수 있도록 해야 함. ★ 동화책을 읽고 주인공이 느끼는 감정을 간접적으로 표현하게 하는 것을 추천한다. → 감정의 자유로움과 해소 감을 느끼게 해야 함. ★ 색을 의인화하고 색상환을 만들어봄으로써 풍부한 색 사용을 유도해보는 것을 추천한다.

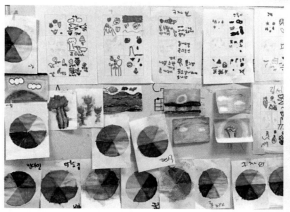

IV. 나랑 발도르프 예술하자 (1년 교육과정, 치유효과성 up) 프로그램 30

★ 나랑 발도르프 예술하자 7 ★

교육주제	[습식수채화 2] **노랑과 파랑**
교육목표	노랑과 파랑(노랑: 빛, 공기의 색 / 파랑: 어둠의 색)은 색의 원형적인 현상으로 빛과 어둠의 관계를 나타내기도 하며 양극성 표현(양가감정의 이해)과 상승의 원칙(빛은 내려오고 어둠은 올라간다 그리하여 서로 만남-초록의 생성)을 알게 한다.
대상	4세~11세
준비물	발도르프 물감 또는 일반 수채화 물감 / 4절지 또는 8절지(수채화용) / 스펀지 / 납작한 빽 붓 / 납작한 16호 붓(인당) / 투명 컵과 종이컵 / 휴지나 헝겊
활동순서 및 방법	**색의 화음의 중요성!** 괴테의 색상환은 **노랑과 파랑**(1학년 수업)에서 시작 노랑과 파랑의 조화가 중요!! 레몬 노랑 + 연한 남색 = 조화로움 ① 빗소리 ⇒ 파랑 연상 ② 파랑-노랑 ⇒ 빛과 그림자의 대조 / * 초록 생성(탄생의 존재: 새싹)의 중요성 * 동화책 ex. 헨젤과 그레텔, 아낌없이 주는 나무 등
TIP	★ 수채화를 하는 동안 색의 화음을 되풀이하여 경험하는 것이 중요하다. ★ 파랑으로 바다와 비가 오는 하늘을 표현하기도 하고 물놀이 갔던 기억을 떠올리든 자신의 이야기 또는 이미지를 만들어 내도록 해야 한다. ★ 비라는 하나의 주제로 풍부한 소재와 이야기를 이끌어 나 자신만의 상상력으로 재미있고 유쾌하게 스토리텔링 하기를 추천한다. ★ 색은 감정과 연결되는 부분이므로 여러 색을 사용하기보다는 솔직한 감정과 신중한 색 선택의 단색으로 자신의 이야기보따리를 풀어나가게 하길 추천한다.→ 자신의 감정 표현력 향상과 해방감을 느낄 수 있음.

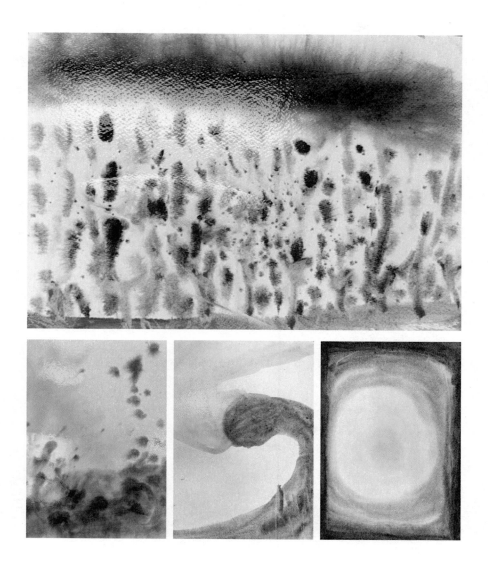

★ 나랑 발도르프 예술하자 ⑧ ★

교육주제	[습식수채화 3] **식물화**
교육목표	노랑의 빛과 파랑의 어둠 가운데 초록의 생성으로 즉, 들판에 식물을 관찰하여 표현 하게 하여 식물의 경이로움을 느끼게 한다.
대상	6세~11세
준비물	발도르프 물감 또는 일반 수채화 물감 / 4절지 또는 8절지(수채화용) / 스펀지 / 납 작한 빽 붓 / 납작한 16호 붓(인당) / 투명 컵과 종이컵 / 휴지 또는 헝겊
활동순서 및 방법	① 습식 수채화 도구준비 및 지도법 ② 파랑-노랑 ⇒ 빛과 그림자의 대조 / 초록의 생성과 식물 광합성에 대해 지도한다. ③ 초록 들판에 작은 씨앗의 느낌으로 갈색 물감을 떨어뜨린다. ④ 잘 뿌려진 씨앗 중에서 줄기(큰 줄기와 작은 줄기)가 생성되도록 한다(붓의 방향은 밑에 　서 위로 향하게 한다.) ⑤ 줄기 끝에서 싹이 트고 봉오리가 생기고 꽃이 핀다는 것을 이해시킨다.
TIP	★ 활동 ②: 노랑(빛)이 도화지 꼭대기에서 파랑(어둠)을 향해 내려오게 하고 파랑은 아래쪽에서 빛을 만나기 위해 올라가게 한 다음, 노랑(빛)과 파랑(어둠)이 만나는 곳 에서 초록(식물)이 생성됨을 알려준다. (이때, 위쪽 노랑에 주황을 너무 강하지 않게 덧칠하고 초록 가까운 곳에는 순수한 노랑을 약간 남겨 두고 이 부분에서 꽃이 피어나기 시작함을 알려주는 것을 권장한다.) ★ 갈색의 색조가 나타난 이후에는 아이들의 상상에 맡기는 것을 추천한다. * 표현하기 힘들어하는 저학년의 경우: 좋아하는 식물의 색을 관찰하여 표현 ※ 주의: 자연스럽게 살아있는 변화가 일어나야 한다.

IV. 나랑 발도르프 예술하자 (1년 교육과정, 치유효과성 up) 프로그램 30

★ 나랑 발도르프 예술하자 9 ★

교육주제 [습식수채화 4]

동물화

교육목표 동물마다 가진 아름다움은 주변 환경에 존재하는 형성력에서 나온다. 자연에 깃든
창조력을 지각하게 될 때, 죽은 물질주의를 극복하고 예술에 필요한 영감을 얻으며
자연의 상과 정신 활동의 영역을 연결하는 다리 역할을 할 수 있게 한다. 자신을 연
상시킨 자유로운 동물을 표현함으로써 내면의 해방감을 느끼게 한다.

대상 7세~15세

준비물 발도르프 물감 또는 일반 수채화 물감 / 8절 수채화 전용 종이 / 스펀지 / 납작한 빽
붓 / 납작한 16호 붓(인당) / 투명 컵과 종이컵 / 휴지 또는 헝겊

**활동순서
및 방법** ① 자신이 좋아하는 동물을 생각하고 그 동물이 뛰어노는 환경에 맞는 색상을 선택
하여 표현하게 한다. * 공기의 존재(새의 부리), (새의 깃털) ex. 뿔 같은 단단한 재질에 끝이
뾰족하게, 수분기가 없고 가볍고 속이 비우고 수시로 자세를 바꾸어 자유롭게 움직임.

TIP ★ 각 아동이 좋아하는 동물을 생각하게 하고, 그 동물이 잘 살 수 있는 환경은 어떤
환경이고 어떤 색으로 표현할 수 있는지를 사고하게 하는 것을 추천한다. →자신의
환경을 긍정적이고 능동적으로 사고할 수 있도록 함.
★ 동물의 주변 환경에 필요한 동물 친구를 자유롭게 표현하도록 한다. → 토끼를
닮아 토끼를 표현하고 싶다거나, 좋아하는 동물의 특징을 생각해 내기도 하면서 자
신의 그림 속 이야기를 적극적이고 능동적으로 만들어가고 표현할 수 있음.

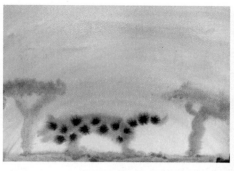

IV. 나랑 발도르프 예술하자 (1년 교육과정, 치유효과성 up) 프로그램 30

★ 나랑 발도르프 예술하자 10 ★

교육주제	[습식수채화 5] **인물화**
교육목표	높은 차원의 의식에서 진행되며 모든 과정이 깨어있는 관찰과 숙고, 계획, 숙련된 기술을 필요로 하는 수업으로 신비로운 방식으로 인간과 연결되는 수업으로 아동들은 진지하고 충분히 성숙한 사고를 할 수 있다.
대상	13세~성인
준비물	발도르프 물감 또는 일반 수채화 물감 / 8절 수채화 전용 종이 / 스펀지 / 납작한 빽붓 / 납작한 16호 붓(인당) / 투명 컵과 종이컵 / 휴지 또는 헝겊
활동순서 및 방법	① 인간의 피부색의 원리: 12학년의 모든 교과과정을 보면 인간과 연결 – '영혼의 살아있는 상으로 복숭아꽃 색은 아주 어린 아이에게서만 순수한 형태로 나타난다. ② 노랑→빨강→초록→파랑→보라색 순서대로 칠하면서 베일 페인팅 효과를 준다.
TIP	★ 인간을 주제로 선택한 아동들은 인간의 본질과 나의 존재, 인간관계 혹은 엄마와의 관계를 생각하면서 스스로 던지는 질문을 향할 수 있다. → 내적 본성/존재의 발현에 도움을 줌. * 초등학생: 헨젤과 그레텔 * 고등학생~성인: 초상화(페일페인팅기법) ★ 노랑, 빨강, 초록, 파랑, 보라 순서대로 베일 페인팅을 추가하면서 인간의 복잡한 감정을 이해하고 다양한 색이 조화를 이룰 때 비로소 인간상을 잘 표현할 수 있다. * 빨강+초록의 부조화는 성적 욕구 자극, 과한 초록색은 죽은 영혼, 과한 빨강은 과잉행동이나 화난 이미지임.

교육주제	[수공예 1]
	발도르프 별종이 접기

교육목표 수공예 활동은 신체와 의지의 향상에 의미를 두며 힘을 쓴다는 것은 의지를 경험 깊은 것으로 들여와 단련한다는 것을 의미하기도 한다. 발도르프 색종이 접기는 손끝에 집중하는 힘을 길러 소근육을 강화하며 빛을 투과하는 여러 가지 모양의 형태를 표현함으로써 조화롭게 감정과 사고를 자극하여 연결할 수 있다.

대상 6세~10세

준비물 전용 발도르프 색종이, 도안, 자, 칼, 가위, 풀, 양면테이프 등

활동순서 및 방법
① 자신이 원하는 색상의 색종이를 정한다.
② 원하는 색상과 형태의 크기를 정하여 자른다.
③ 일정하게 정해진 순서와 방법대로 접고 접히는 부분에 풀로 붙인다.
④ 각자 자신이 만든 작품(별종이 모양과 색상)에 관해 이야기해보고 빛이 투과하는 창문에 붙이고 서로의 작품을 감상한다.

TIP
★ 규칙적이고 반복적인 행동에는 학년기에 꼭 필요한 규칙, 규율에 대한 교육, 끈기와 인내심이 필수적이므로 아동들의 감성과 사고의 연계성을 가짐.
★ 완성된 별 종이는 빛이 자연스럽게 투과되게 하는 것을 추천
→ 풍부한 감성을 느낄 수 있음.
★ 신체의 크기와 성향 그리고 감성적 성장의 추구에 따라 여러 형태의 별 모양을 접을 수 있다.
→ 건강한 사고와 풍부한 감성을 가지기에 더할 나위 없이 좋음.

★ 나랑 발도르프 예술하자 12 ★

교육주제 [수공예 2]

발도르프 별종이 공예 수업

교육목표 발도르프 수공예 수업은 손끝에 집중하는 힘을 길러 소근육을 강화하며 시 지각을 발달시키고 빛을 투과하는 발도르프 색종이를 활용함으로써 사고와 감성을 발달시킬 수 있으며 여러 가지 모양의 형태를 표현함으로써 상상력을 향상할 수 있도록 한다.

대상 9세~14세

준비물 전용 발도르프 색종이, 도안, 자, 칼, 가위, 풀, 양면테이프 등

활동순서 및 방법
① 자신이 원하는 색상(흑과 백)의 배경지를 선택하도록 한다.
② 원하는 형태의 도안을 정하여 자른다.
③ 표현하고 싶은 색상의 색종이를 이용하여 꾸민다.
④ 각자 자신이 만든 작품(별종이 모양과 색상)에 관해 이야기해본다.
⑤ 각자 자신의 별종이 수공예 작품을 빛이 투과하는 창문에 붙이고 서로의 작품을 감상한다.

TIP
★ 어둠을 무서워하는 아동들을 위해 자신이 직접 창문을 꾸미는 발도르프 윈도 공예작품을 표현함으로써 감성을 풍요롭고 따뜻하게 해볼 수 있다.
★ 여러 색으로 빛을 느끼고 관찰하는 것을 추천한다.
※ 주의: 소근육을 많이 사용하는 수업임으로 가위나 얇은 종이를 자르는 활동으로 어려움이 많을 수 있다.

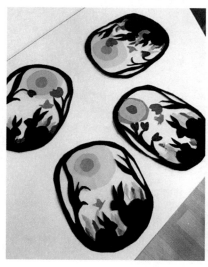

교육주제	[수공예 3] **목공 수업 or 와이어 (석고) 수업**
교육목표	자연과 생명에 대한 수업으로 힘을 쓴다는 것은 의지를 경험하는 것으로 신체적 힘의 기술과 사고에 필요한 계획성을 요구하는 이 수업은 신체에 비해 사고나 감정의 성장 속도가 차이가 나서 불안감이 많은 사춘기에 적합하다.
대상	10세~14세 / 성인
준비물	나무판(2x15cm), 작은 망치, 못, 여러 색의 털실, 와이어, 석고, 색 한지, 공예용 풀 등
활동순서 및 방법	**목공:** ① 살아있는 나무 재료에 따라 색깔, 냄새, 단단한 강도가 다르다는 것(자연과 생명에 대한 수업)을 알려준다. ② 나무판 위에 1cm(정확하고 일정한 간격으로)의 칸을 그어 표시한다. ③ 표시된 간격을 중심으로 못을 박는다. ④ 못질하면서 그 박자에 맞춰 노래(동요: 신체의 리듬을 느끼도록)를 부른다. **와이어와 석고:** ① 다루기 힘든 매체이지만 여러 가지 모양과 만드는 방법을 가르쳐주고 와이어를 나누어 준다. (ex. 물고기, 새, 사람 얼굴 등 예시로 된 와이어 작품을 보여주어도 좋다.) ② 두 개의 통제재료의 결합으로 와이어와 얇은 종이(냅킨아트지)를 제공하지만 주제는 자신이 원하는 자유로운 형태를 만들게 한다. ③ 긴 와이어 줄에 자신의 작품을 걸어 다른 아동의 작품을 스토리텔링하면서 감상한다. * 신체조절능력효과: 목공 〉 와이어 〉 석고
TIP	★ 아동들이 형태를 만들면서 느끼는 나무의 따뜻한 성질, 와이어와 석고의 차가운 성질의 미세한 체온변화를 직접 탐색하면서 느끼고 체험하도록 한다. (극과 극의 체험) ★ 와이어와 석고는 자신이 만든 형태에 스토리를 형성하여 살아있는 매체로 생명을 불어넣도록 유도한다. → 과잉된 신체적 에너지 조절에 도움이 되며 죽은 사물에 생명을 불어넣을 수 있다는 의지의 힘, 자신감과 활력을 강화한다.

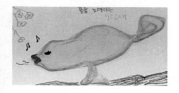

교육주제	[수공예 4] **대칭을 이용한 끈 짜기**
교육목표	소근육과 대근육을 향상하기 위한 프로그램으로 대칭을 이용한 끈 짜기는 신체와 사고의 확장을 가져다줌으로써 사고, 의지 그리고 계산능력의 발달시킨다. *** 신체와 사고의 확장 사고, 의지, 계산능력의 발달**
대상	4세~13세
준비물	여러 가지 색상의 털실, 나뭇가지 or 아이스크림 막대, 꾸미는 재료 등
활동순서 및 방법	① 아이스크림 막대 3개를 X자로 연결해 고정한다. ② 여러 방향으로 끈 꼬는 방법이 있다는 것을 설명한다. ③ 자신이 정한 색상과 끈 짜는 방법을 통해 각각 다른 모양이 나온다는 것을 인지 　한다. ④ 작품으로 스토리텔링하게 한다.
TIP	★ 와이어 수공예에서 조금 더 강화된 수업으로 신체조절 및 통제해야 한다. 　→ 아동들의 내, 외적 에너지/끈기와 인내심을 가져옴. ★ 끈 짜기 수공예는 저학년에서 고학년으로 올라가는 과정에서 수학의 기하학 수업 과 사고 능력으로 연계되어 중요함을 가진다.

★ 나랑 발도르프 예술하자 15 ★

교육주제	[수공예 5] **털실로 만드는 동물 인형**
교육목표	다른 도구를 사용하지 않고 최대한 자신의 신체를 도구로 인지함으로써 신체 감각의 자유로움과 자신감을 느끼게 한다. 또한, 따뜻한 감촉의 털실로 동물 인형을 만듦으로써 자신과 같은 감정을 공유할 수 있도록 할 수 있다. 즉, 신체와 의지 그리고 사고와 감성을 연결하여 삶의 만족과 소속감을 느끼게 한다. **신체와 의지 / 사고와 감성의 연결** **스토리텔링 기법**(나의 애착인형 만들기 / 동물과 이야기하기)
대상	4세~13세
준비물	여러 색상의 털실, 퐁퐁이, 목공풀 등
활동순서 및 방법	① 자신이 원하는 색상의 실로 8m, 5m의 길이로 2번 자르게 한다. ② 엄지손가락 외 손가락 2개 또는 4개만으로 털실을 짜는 방법을 자세히 알려준다. ③ 작품으로 스토리텔링하게 한다.
TIP	★ 자신의 신체로 예술작품을 만들거나 표현함으로써, 자기애와 자존감 향상에 연결이 된다. ★ 왕성한 신체발달을 가진 학년기 아동: 따뜻한 재료의 촉감을 통한 심리적 공감과 회복 탄력성을 형성. ★ 발달적으로 아직 소근육과 대근육의 발달이 미숙한 아동: 끈기와 인내심 발달. ★ 성장하는 아동들에게 신체발달과 신체조절능력향상, 그리고 감성적 성장을 이끌어 주는 수공예 수업을 통해 내면의 행복감과 성취감을 경험하게 할 수 있다.

★ 나랑 발도르프 예술하자 16 ★

교육주제	[포르멘(형태)수업 1] **기본 형태와 자유 형태**
교육목표	에포크 수업(주기집중 교육)은 아이들의 순수한 기쁨의 감정을 체험하고 생성하게 한다. 인간의 기능 중 사고의 기능을 돕도록 하여 기억력과 관찰력 향상 또는 자유로운 지성과 지적사고 향상 시킬 수 있도록 한다.
대상	4세~14세
준비물	모래 놀이 상자, 모래, 오일파스텔, 파스넷, 사인펜, 포르멘(형태) 전문 종이, 도안 등
활동순서 및 방법	① 점이 선으로 ② 구조에서 리듬으로 ③ 사물에서 추상으로 ④ 선이 형으로 또는 새로운 형태 * 모래 놀이 상자가 없을 시, 까만 종이에 모래를 한 줌 뿌리고 손으로 직접 하기 * 활동 전, 모래 위에 손으로 형태 만들어보기
TIP	★ 모래의 촉감은 정서적 퇴행성 매체로 아동들에게 호기심을 가지게 한다. ★ 놀이하듯 포르멘(형태 그리기 수업)을 접근하길 바란다. ★ 익숙한 종이보다 손가락으로 직접 입체적 촉감을 그리는 직선과 곡선의 느낌을 체험하길 바란다. → 아이들이 자신에게 신중하고 집중과 몰입해가며, 자신의 포르멘을 만들어갈 수 있음.

교육주제 [포르멘(형태)수업 2]
문자 & 숫자 교육(지도법)법

교육목표 포르멘 활동은 감각과 감정훈련으로 지적사고 & 기억력 향상과 주변에서의 관찰력
을 향상시킨다. 형태 그리기와 기하학의 경험으로 아이들은 끊임없이 새로운 관점
과 관계성으로 사물을 관찰하여 어떻게 형성하고 서로 보완하는지를 깨닫고 이 경
험은 독립적인 사고능력을 키워주는 훈련과정이다.

대상 8세~12세

준비물 모래 놀이 상자, 모래, (두꺼운 검은색 8절지, 수수깡) 양면테이프, 오일파스텔, 파스
넷, 사인펜, 포르멘(형태) 전문 종이, 도안 등

활동순서 **숫자: 에포크 수업**(주기집중 교육)**-창의적 사고 연계성**
및 방법 　　① 직선, 곡선에서 사선, 장사선, 응용형 등
　　② 다양한 선에서 숫자로 연결
문자: 에포크 수업(주기집중 교육)**-글자 학습 연계성**
　　① 선, 면, 색의 요소 및 모티브 개발
　　② 원근화법

TIP ★ 리듬과 함께하는 자유로운 포르멘은 각자의 감정과 사고의 연결의 표현으로 글자
를 익히는 과정과 자신의 사고적 표현을 위해 매일 함으로써 그 효과를 볼 수 있다.
★ 자신의 감정을 표현하는 색과 사고하는 생각을 표현하도록 돕는 형태 그리기(포르
멘) 수업을 통해서 아이들이 자유로운 사고를 확장할 수 있다.
★ 점이 선으로 되어가는 과정과 다양한 직선과 곡선의 경험으로 응용된 형태, 더
나아가 새로운 형태를 인지하고 상상하며 만들어 갈 수 있도록 접근하길 바란다.

★ 나랑 발도르프 예술하자 18 ★

교육주제 [포르멘(형태)수업 3]

수직 대칭 포르멘

교육목표 불완전한 것을 완전하게 만들고자 하는 내적 지향을 아동 안에 일깨우기 위한 활동으로 주어진 형태를 직접 그리게 함으로써 주변 세상을 파악, 인지하고 제어하기 위한 중요한 걸음을 내딛게 한다. 수직축 대칭표현으로 좌뇌, 우뇌의 균형과 조화로움을 도울 수 있으며 생각하며 살펴보고 살펴보며 생각하는 힘을 길러내게 한다.

대상 8세~10세

준비물 모래 놀이 상자, 모래, (두꺼운 검은색 8절지, 수수깡) 양면테이프, 오일파스텔, 파스넷, 사인펜, 포르멘(형태) 전문 종이, 도안 등

활동순서 및 방법

모래 위에 손으로 형태 만들어보기
① 좌우 대칭된 형태를 표현
② 연결된 꼬인 형태를 표현

TIP

★ 좌/우 대칭 이미지가 온전히 되지 않는 저학년의 경우 포르멘 수업을 어려워할 수 있다.

★ 자신이 표현한 포르멘을 완성하여 내면의 것을 외면으로 이끌어 내어 새로운 것을 발현, 재현해 내도록 하는 것을 권장한다.

★ 아동들이 쉽게 모방하여 따라 할 수 있도록 규칙적이고 다양한 포르멘을 제시하여 따라 그리게 하고 좌, 우뇌를 균형적이면서 조화로움을 가져다주게 하길 추천한다.

→ 직립보행의 간접적 경험을 할 수 있음.

★ 나랑 발도르프 예술하자 19 ★

교육주제	[포르멘(형태)수업 4]
	수평 대칭 포르멘

교육목표 불완전한 것을 완전하게 만들고자 하는 내적 지향을 아동 안에 일깨우기 위한 활동으로 주어진 형태를 직접 그리게 함으로써 주변 세상을 파악, 인지하고 제어하기 위한 중요한 걸음을 내딛게 한다. 수평축 대칭표현으로 내, 외적 균형(안정감)과 조화로움을 도울 수 있으며 확장된 사고와 감각, 가정을 길러내게 한다.

대상 10세~14세

준비물 모래 놀이 상자, 모래, (두꺼운 검은색 8절지, 수수깡), 오일파스텔, 파스넷, 사인펜, 포르멘(형태) 전문 종이, 4절지 또는 전지, 도안 등

활동순서 및 방법
모래 위에 손으로 형태 만들어보기
① 위, 아래 대칭된 형태를 표현(고학년-공간을 배움)
② 연결된 꼬인 형태를 표현

TIP
★ 아동들이 스스로 나타낸 자유로운 모양, 형태, 이미지를 내적인 것에서 외적인 것으로 끄집어내어 표면적으로 조화롭게 표현하는 방법을 터득하게 해야 한다.
★ 내적 안정감을 줄 수 있는 대칭적인 문양을 표현함으로써 사고하는 힘과 사고의 자유로움을 느낄 수 있도록 하는 것을 추천한다.
★ 아동들이 위, 아래와 좌, 우 대칭적인 선을 연습하고 완성하여 색을 칠하면 각각 다른 표현, 다른 이야기가 되는 신기하고 재미있는 과정을 느낄 수 있도록 해야 한다.

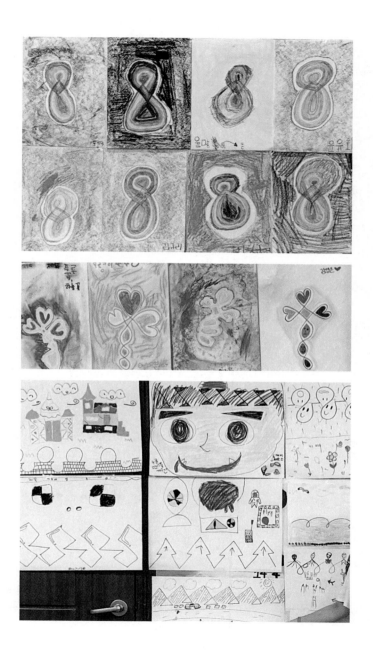

IV. 나랑 발도르프 예술하자 (1년 교육과정, 치유효과성 up) 프로그램 30

★ 나랑 발도르프 예술하자 20 ★

교육주제	[포르멘(형태)수업 5] **응용 포르멘 – 미션 주고 미션 해결하기**
교육목표	불완전한 것을 완전하게 만들고자 하는 내적 지향을 아동 안에 일깨우기 위한 활동으로 주어진 형태를 직접 그리게 함으로써 주변 세상을 파악, 인지하고 제어하기 위한 중요한 걸음을 내딛게 한다. * 감정소통능력 up
대상	12세~18세
준비물	오일파스텔, 파스넷, 사인펜, 포르멘(형태) 전문 종이, 4절지 또는 전지 등
활동순서 및 방법	① 활동을 원하는 아동들은 원하는 사람과 모둠을 만든다. (2인 1조. 4인 1조) ② 포르멘 활동을 시작하는 한 명이 다른 아동에게 이야기하지 않고 주제를 정한다. ③ 다양한 점이나 선을 이용해 주제에 맞는 그림을 돌아가면서 이어 나아간다. ④ 주제에 맞는 이미지 또는 사물에 대해 1/4 정도를 그려 다음 사람이 나머지 3/4을 채워 그 이미지를 표현하고 완성시킨다. ⑤ 완성된 그림을 가지고 이야기를 나눈다.
TIP	★ 언어로 이야기를 하지 않고, 서로의 원하는 이미지를 알 수 있도록 해야 한다. ★ 타인의 생각이나 마음을 선의 모양이나 색인지를 통해 알려주고 알 수 있도록 하길 추천한다. → 타인 감정인지 능력 향상에 도움을 줌.

★ 나랑 발도르프 예술하자 21 ★

교육주제	[파스텔 수업1] **초록과 빨간 당근 / 나만의 이야기**
교육목표	미세한 감각과 부드러운 감정을 연결하여 내면의 자아를 이끌어 내고 다양하고 풍 부한 감정의 성장을 돕는다. 파스텔 매체의 부드럽고 섬세한 특징을 살려 자신의 주 변 환경으로 감정연결과 동시에 색에 대한 이해도와 표현력을 향상할 수 있다. 또 한, 다루기가 더욱 섬세하고 연약한 매체를 다루어봄으로써 내적 안정감 향상과 어 렵지만, 필수적인 타인과의 감정 상호작용에 도움을 줄 수 있다.
대상	8세~13세
준비물	**파스텔 24색, 도화지, 가위, 휴지, 천, 신문지, 물티슈 등**
활동순서 및 방법	① 파스텔 표현 기법을 가르쳐주고 표현하도록 한다. ② 하늘 표현-구름 모양을 오려 하늘색 그라데이션 표현(내면 안정화와 시 지각 향상) * 스토리텔링 기법과 동화적 표현력
TIP	★ 오일 파스텔이나 일반 크레파스보다 부드럽고 섬세한 작업을 할 수 있는 파스텔 을 사용하길 추천한다. → 아동들의 소근육 발달에 도움을 줌. ★ 자신만의 주제와 동화적 표현으로 이끌어 나아가도록 하길 추천한다. → 어려운 것에 대한 극복의 힘과 탄력적인 회복력을 강화할 수 있음. * 물감사용을 어려워하는 아동에게 심리적 안정감을 줌. * 하늘 + 파랑 = 순응, 내면화 * 빨강 + 초록 = 성적 자극을 줌. * 초록 + 노랑 = 편안함, 치유력 up

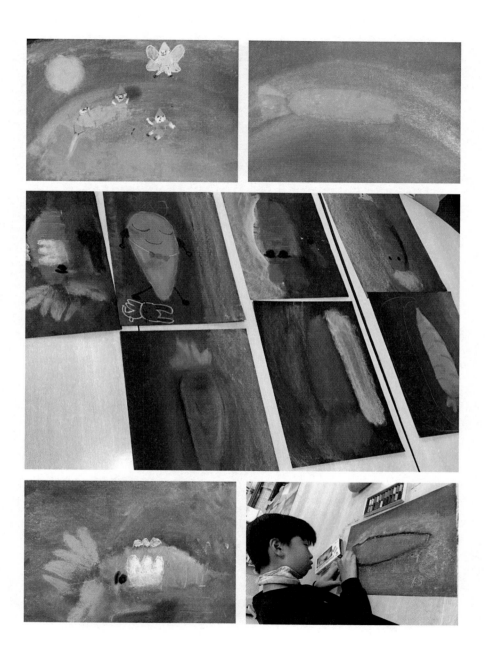

★ 나랑 발도르프 예술하자 22 ★

교육주제   [파스텔 수업 2]

풍경화 그리기

교육목표   자신이 정한 주제 또는 사물을 자세히 관찰하게 하여 사물을 보는 관찰력 향상을 돕는다. 그리고 다양한 색감을 사용하여 표현하게 하고 그 사물을 주인공으로 하여 자신만의 동화를 표현하도록 도움으로써 자유로운 사고와 섬세한 감정향상과 내면의 성장을 도울 수 있다. 또한, 손의 소근육과 고관절을 자유롭게 사용하게 하도록 돕는다.

대상   11세~14세

준비물   **파스텔 12색, 흰 도화지, 면봉, 물티슈 등**

활동순서   ① 자유롭게 자신이 그리고 싶은 주제를 선택한다. (ex. 무지개, 들판, 노을 등)
및 방법   ② 하나의 사물의 표현에 다양한 색상(5가지 이상)을 사용하도록 한다.
   ③ 추가적으로 떠오르는 이미지를 표현한다.
   ④ 작품으로 스토리텔링하게 한다.

TIP   ★ 같은 계열의 여러 색상을 곁들인 풍경을 떠올려 표현하도록 하는 것을 추천한다.
   ★ 많은 색상을 경험하고 표현하는 것을 추천한다. → 아동들의 감정이해 능력과 풍부한 표현능력과 세밀한 주변환경에 대해 관찰능력을 향상시킴.

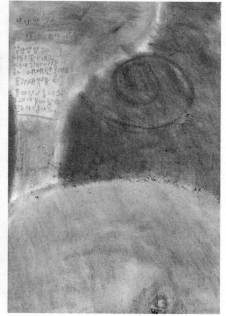

★ 나랑 발도르프 예술하자 23 ★

교육주제	[파스텔 수업 3] **칠판 그림** (동화주제, 역사 주제 등)
교육목표	자신이 직접 생각하고 정한 주제에 대해 함축적 표현을 해봄으로써 다양한 스토리를 깊은 사고와 감성으로 단편적으로 함축할 수 있어 감정적 성취감과 섬세한 표현력이 향상한다. 각자의 개성 있는 그림을 관찰할 수 있으며 하나의 주제로 시작하지만, 스토리텔링을 통해 확장된 교육 연계와 사고개념으로 나아갈 수 있도록 한다.
대상	10세~13세(동화 또는 시 주제), 고등학생~성인(역사 또는 철학 주제)
준비물	A3 칠판 또는 사포, 48색 분필 or 파스텔, 물티슈, 자신이 직접 선택한 동화책 또는 역사책 등
활동순서 및 방법	① 자유롭게 자신의 생강과 감정을 함축시킨 단어를 시로 표현하게 한다. ② 하나의 시를 표현하고 완성하여 시와 어울리는 배경을 다양한 색상(5가지 이상)으로 꾸미도록 한다. ③ 다른 사람의 시와 그림을 감상하고 느낌을 이야기하고 칭찬하도록 한다. ④ 작품으로 스토리텔링하게 한다.
TIP	★ 자신의 자유로운 사고(생각)와 감정(마음)의 함축적 표현인 '시화' 또는 자신이 선택한 동화주제 또는 역사 속 이야기나 인물을 표현하게 하고 스토리텔링하게 한다. 그 뒤 표현하고 싶은 이야기 속 내용을 전달하고자 하는 또 다른 교육 연계주제를 자신이 처한(느끼는) 환경을 전달하도록 해야 함. ★ 다른 아동들의 표현을 감상하고 발표하는 시간을 가지게 하는 것을 추천한다. → 타인의 사고와 감정에 대한 이해능력향상과 성취감을 가질 수 있도록 할 수 있음.

★ 나랑 발도르프 예술하자 24 ★

교육주제　[조소 수업 1]

구와 사각 육면체

교육목표　흙(조소)이라는 재료는 지구의 어머니를 느끼게 하고 자아의 탄생을 의미한다. 그리고 손과 머리와 마음을 잇는 과정에서 매우 중요한 매개체이기도 하다. 흙을 만지고, 흙의 따스한 감촉을 느끼고, 작업을 통해 내면의 온전한 자아를 만나고 세워가는 과정에서 온전한 자신을 만나게 할 수 있다. 또한 '아이들의 신체적 시각에 큰 활력'을 줄 수 있다.

대상　6세~9세

준비물　도자기 흙 10kg, 종이컵, 따뜻한 물(치료 효과), 물티슈, 두껍고 큰 비닐 등

활동순서 및 방법
① 사각 육면체를 만들어 신체의 힘 조절 향상을 돕는다.
② 사각 육면체를 완성 후 모서리 뾰족한 부분을 없애 삼각뿔을 만들게 하여 공간 감각을 향상한다.
③ 원의 힘(이완, 편안함, 모성, 태어남 등)을 표현 + ego therapie(에고 테라피: 사회성 향상에 도움) 놀이 접근법 : 구를 만드는 사람의 손은 구를 형성하는 힘의 도구
  * 구와 사각 육면체의 대조형태(신체의 해소와 통제의 표현)

TIP
★사각 육면체와 삼각뿔 → 신체조절과 공간감각 향상을 가질 수 있도록 유도할 수 있음.
★구의 형성 →아동들에게 신체적 편안함과 정서적 퇴행 그리고 감정이완을 가지게 하며 자기중심적인 사고를 하는 아동들에게 사회성 향상에 도움을 줌.
* 물의 중요성(스킨쉽효과) : 찰흙의 표면을 반질반질하고 매끄럽게 문질러 줘야 함.

★ 나랑 발도르프 예술하자 25 ★

교육주제	[조소 수업 2]
	오목과 볼록(반대/대조)

교육목표
흙(조소)이라는 재료는 지구의 어머니를 느끼게 하고 자아의 탄생을 의미한다. 그리고 손과 머리와 마음을 잇는 과정에서 매우 중요한 매개체이기도 하다. 흙을 만지고, 흙의 따스한 감촉을 느끼고, 작업을 통해 내면의 온전한 자아를 만나고 세워가는 과정에서 온전한 자신을 만나게 할 수 있다. 또한 '아이들의 신체적 시각에 큰 활력'을 줄 수 있다.

대상
10세~15세

준비물
도자기 흙 10kg, 종이컵, 따뜻한 물(치료 효과), 물티슈, 두껍고 큰 비닐 등

활동순서 및 방법
서로 반대되는 표현을 함으로써 철학적 사고와 신체의 연결을 도움
(ex. 가벼움과 무거움 / 밝음과 어두움 등)
① 오목 만들기(구의 변형: 밖에서 안으로 빨아들이는 힘 – 빈곤함의 상징)
② 볼록 만들기(구의 변형: 힘이 안에서 밖으로 나오는 힘 – 풍족함의 상징)

TIP
★ 서로 상반되는 주제를 표현하는 것을 추천 → 깊은 사고와 사고의 확장을 경험하여 내적 성장을 가질 수 있음.
★ 활동 후 다른 작품을 관찰하면서 사고의 차이를 경험하길 추천 → 타인의 감정 인지 능력이 향상될 수 있음.

IV. 나랑 발도르프 예술하자 (1년 교육과정, 치유효과성 up) 프로그램 30

★ 나랑 발도르프 예술하자 26 ★

교육주제	[조소 수업 3] **원기둥에서 입체면 기둥으로 변형**
교육목표	눈에 보이는 공간 뒤에 눈에 보이지 않는 힘의 세계를 표현하게 함으로써 단순한 형태 만들기를 통해서도 아동들은 창조의 과정과 원리를 직접 만나고 체험할 수 있으며 흙으로 만든 형상을 똑바로 세우면서 아동들은 자기 안에 있는 직립의 힘을 강화함으로써 긍정적인 자아를 가질 수 있다.
대상	10세~성인
준비물	도자기 흙 10kg, 종이컵, 따뜻한 물(치료 효과), 물티슈, 두껍고 큰 비닐 등
활동순서 및 방법	① 구 만들기 ② 원기둥 만들기 ③ 입체기둥 만들기
TIP	★ 청소년: 조소에서 입체적 활동은 정서적 성장을 이끌어 내기 때문에 신체적으로나 정서적인 성장에 있어서 급성장하는 사춘기시기에 이 작업은 매우 중요함과 동시에 필수적이다. ★ 저학년: 깨끗하고 빛나는 기둥의 표면을 만드는 과정에서 손끝의 섬세한 힘 조절이나 아직 잘 발달되지 않아 매우 힘들어 할 수 있지만, 찰흙과 자신의 접착제 역할을 한 따뜻한 물을 통해 표면을 매끄럽게 하고 신체의 라포 형성을 도와 끝까지 잘 완성하게끔 해야 한다. ★ 3차원적이고 입체적이며 동시에 유동적인 조소 작업은 아래쪽에서 위쪽으로 쓸어 올리면서 에너지와 자존감이 생성되고 확립되므로 행위 자체가 매우 중요하다.

★ 나랑 발도르프 예술하자 27 ★

교육주제	[조소 수업 4] **자아표현**
교육목표	자신과 동일한 일체감을 느끼게 하여 자신만의 생각과 감정을 밖으로 끄집어내어 입체적으로 표현하게 함으로써 치료적 효과를 가질 수 있다. * 자가 치료기법
대상	15세~성인
준비물	도자기 흙 10kg, 종이컵, 따뜻한 물(치료 효과), 물티슈, 두껍고 큰 비닐 등
활동순서 및 방법	① 자신의 감정을 덩어리로 표현한다. ② 각자의 덩어리를 뭉쳐서 표현하여 다른 아동들의 감정을 관찰하고 감상한다. ③ 자신의 자아를 과거, 현재, 미래로 나누어 추상적으로 표현하게 한 뒤 자신의 상 처를 형상화하는 작업을 한다. ④ 체온과 같은 온도의 물을 상처가 많다고 생각한 자아(작품)에 꼼꼼히 정성 들여서 손가락으로 물칠하게 한다. ⑤ 작품을 감상하게 한다.
TIP	★ 본격적인 수업 시작 전, 찰흙을 나누어 주면서 아동들에게 눈을 감고 천천히 자 신의 감정을 정리하고 오늘 하루 동안 느꼈던 자신의 감정의 크기를 덩어리로 표현 해 보라고 지시하는 것을 추천 → 제삼자의 눈과 입장으로 자신의 감정을 느끼고 보 게 하여 감정조절을 하게 함으로써 또래 관계 향상에 있어서 도움이 되고 가정 내에 서 가족들의 감정을 이해하는 데 도움을 줄 수 있음. ★ 가장 크고 부정적인 감정의 덩어리를 따뜻한 물로 물칠을 하게 하는 것을 추천 → 안정적이고 긍정적인 감정으로 전환할 수 있음. ★ 자신의 자아를 추상적으로 표현하도록 지시하는 것을 추천 → 아동들의 긍정적인 사고와 자존감 형성에 도움을 준다.

교육주제	[조소 수업 5] **우주 행성표현**
교육목표	살아있는 매체인 흙을 이용하여 점차적 표현 즉, 두 손의 응용(씨앗, 봉우리, 열매 등) → 식물의 형태(수직 형태) → 동물의 형태(수평적 방향성: 앞으로 나아가는 움직임) → 인간의 형태(직립의 극복) → 자아표현 그리고 마지막 우주 행성을 표현함으로써 형성하는 힘과 내부에서 밀어내는 저항의 상호작용 결과로 자신만의 형성체(형성력), 하나의 새로운 형태가 생겨나면서 내 외부적인 활력과 역량을 가지게 할 수 있도록 한다.
대상	15세~성인
준비물	도자기 흙 10kg, 종이컵, 따뜻한 물(치료 효과), 물티슈, 두껍고 큰 비닐 등
활동순서 및 방법	① 우주의 행성 중 자신을 닮은 혹은 닮고 싶은 행성을 표현(태양, 수성, 금성, 화성, 목성, 토성 등) ②자신을 닮은 행성과 닮고 싶은 행성에 자연물로 꾸며 준다. ③ 서로의 작품을 감상한다. (자신과 닮았다고 생각하는 이유, 닮고 싶은 이유 등)
TIP	★ 태양을 중심으로 수성, 금성(지구 제외), 달, 화성, 목성, 토성, 천왕성, 해왕성까지의 행성의 다양한 이야기(특징)를 풀어내어 스토리텔링하게 한 후, 가장 자신을 닮은 행성을 표현하게 해야 한다. → 자신의 내적 갈등과 스트레스를 스스로 발견하게 하여 자존감 확립과 외적인 신체의 활력을 가지게 하고 아동 자신이 스스로를 어떻게 생각하고 있는지 객관적으로 관찰할 수 있음. ★ 아동들의 작품을 섬세하게 관찰한 후, 자연물을 하나씩 선물해주면서 조소 수업을 마무리하길 추천한다. → 아동은 자신의 작품에 대한 애착 형성과 간접적인 칭찬 단계를 가지게 함으로써 건강한 자아와 자존감을 강화하고 사회성을 향상할 수 있음.

교육주제	[랜드아트 1]
	자연풍경 속에서의 예술 1

교육목표 자연과 하나로 연결하는 작업의 형태로 창조적 인간의 존재로 예술가의 경험을 할 수 있다. 또한, 환경에 대한 애착 형성과 본질적 존재의 생성에 대한 이해하며 내면의 힘을 강화할 수 있다.

대상 6세~15세

준비물 계절에 따른 자연 매체(나뭇잎, 열매, 꽃 등), 엽서 크기 종이 or 8절지, 공예용 풀, 가위 등

활동순서 및 방법
① 여러 가지 자연 재료를 탐색한다.
② 연상되는 이미지에 자연 속 재료를 가져와 꾸민다.
③ 자신의 작품에 관해 이야기한다.

TIP
★ 주변 환경을 자유롭고 긍정적으로 관찰하도록 유도 → 자신의 삶에 대한 애착과 자신만의 개성과 창의성을 향상하게 함으로써 삶의 질이 높아지도록 할 수 있음.
★ 아동들은 자연물에 대한 자신만의 표현력을 가짐으로써 진정한 예술가적인 긍정적 감정과 사고를 성장을 가져옴.
★ 자아표현 향상에 도움.

★ 나랑 발도르프 예술하자 30 ★

교육주제	[랜드아트 2] **자연풍경 속에서의 예술 2**
교육목표	자연과 하나로 연결하는 작업의 형태로 창조적 인간의 존재로 예술가의 경험을 할 수 있다. 또한, 환경에 대한 애착 형성과 본질적 존재의 생성에 대한 이해하며 내면의 힘을 강화할 수 있다. 다양한 자연물을 가지고 자신만의 예술을 만들어 고유의 개성을 발전시켜 나아갈 수 있도록 한다.
대상	10세~16세
준비물	여러 가지 자연 매체(나뭇가지, 나뭇잎, 열매, 곡식, 꽃, 돌 등), 전지(집단)나 4절지(개인), 공예용 풀, 가위 등
활동순서 및 방법	① 여러 가지 자연 재료를 탐색한다. ② 연상되는 이미지에 자연 속 재료와 다양한 매체의 경험으로 자유롭게 꾸민다. ③ 이미지 확장 즉, 주변 환경이 있는 이미지를 표현한다. ④ 자신의 작품에 대해 이야기한다.
TIP	★ 주변 환경을 자유롭고 긍정적으로 관찰하도록 유도해야 한다. → 자신과 타인과의 관계, 사회적 관계 속에서 삶의 질이 높아지도록 할 수 있음. ★ 아동들은 자연물에 대한 관찰력을 향상함으로써 건강한 회복 탄력성을 형성. ★ 관계성 형성에 도움.

IV. 나랑 발도르프 예술하자 (1년 교육과정, 치유효과성 up) 프로그램 30

부록

쉽게 배우는 인지학
미술 프로그램 이모저모

*심리적 통제가 높은 매체 순서:

얇고, 뾰족한, 진한, 어두운, 수정 X ≫ 두껍고, 부드럽고, 밝은, 수정 0

흑백작업 ≫ 색깔작업

그리기(평면)작업 ≫ 만들기(입체)작업

건식수채화 ≫ 습식수채화 ≫ 파스텔작업

콩테 ≫ 연필 ≫ 얇은 유성매직 ≫ 싸인펜 ≫ 색연필 ≫ 물감 ≫ 파스텔 ≫ 크레파스

i. 소묘 Zeichnung

치료적 효과 집중력향상과 사고력에 도움이 되는 다양한 선과 Formen(형태)작업을 표현해 봄으로써 여러 감각의 표현에 자유로움을 주고 스트레스 완화 및 신경계의 발달을 돕는다.

● 소묘 프로그램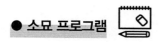

테마	Basis der Zeichnung(선의 기초)	1
매체 선택	4B연필 or 오일 파스텔, 전지 2장	

작업 방법
① 벽에 전지를 여러 장 붙인다.

② 적당하고 편안한 자세로 서서 자신이 원하는 매체를 선택하여 마음껏 다양한 선을 그어본다. 이때 적당히 편안한 음악을 들어도 좋다. 많은 생각이나 기교, 형태는 되도록 피한다.

③ 작업 후 뒤에서 자신의 선을 감상하면서 '나 자신은 도대체 어디 존재하는가?' 또는 '저 선을 그을 때 나는 무엇을 생각하고 어떤 마음을 가졌나?'라는 질문을 스스로에게 던져본다.

대상 청소년~성인

테마	auffallend(난화)	2

매체 선택 크레파스 or 4B연필, 4절지

작업 방법 ① 평소 자주 사용하고 무의식적인 상태에서 나타나는 여러 가지의 선을 표현
하여 본다. 여기서 자신이 어떤 식으로든 의식하지 않도록 주의한다.

② 20분 정도 작업하도록 하고 작업하는 동안 힘든 상황이 무엇이었는지 알아
본다.

③ 작업을 마치고 난 후, 그 선 사이로 보이는 이미지가 있는지 스스로 찾아보
고 그 이유를 자신의 삶 속에서 찾아본다.

대상 누구나 가능

테마	**여러 가지 검정색 매체 다루기**	3

매체 선택 4B연필, 검정 싸인펜, 목탄, 콩테, 검정 파스텔, 검정 크레파
스, 검정볼펜 등 검은색 매체 모두, 4절지 2장

작업 순서 ① 4절지 2장을 여러 크기의 사각형으로 직접 자르고 잘 섞는다(그것을 크기별로
나누어 정리하지 않는다).

② 종이는 자신의 왼쪽 위에 여러 가지 검정색 매체는 오른쪽 위에 놓는다.

③ 작업 전 잠시 눈을 감고 마음을 편안한 상태로 이끈다. 조용한 음악을 듣는
것도 좋다.

④ 45분 동안 작업하면서 기교적인 테크닉이나 뚜렷한 형태를 나타내지 않도
록 주의한다(형태 NO, 사고 NO, 빠르게 YES).

⑤ 그 상태를 유지하면서 자신이 할 수 있는 한 매체를 자주 바꿔가면서 여러
장의 종이 위에 선을 표현하여 본다.

⑥ 작업 후, 자신의 선이 어떻게 표현되었는지 치료사의 피드백을 들어보고 다
른 사람의 선은 어떻게 표현했는지 감상한다.

대상 청소년~성인

테마 **음영 표현하기** (구름/ 사과/ 크리스탈 등) **4**

매체 선택 4B연필, 콩테, 목탄, 4절지

작업 순서 ① 몽환적인 느낌의 선이나 율동이 있는 선 그리고 강한 선을 표현함으로써 내
적인 이미지를 자극한다.

② 작업 후, 그 느낌을 어떻게 인지하고 표현하였는지 이야기해 본다.

대상 우울증 환자나 위축된 아동, Posttrauma 환자

테마 **콜라쥬 표현하기**   **5**

매체 선택 흑/백색의 매체를 모두, 풀, 가위 등 접착 매체 이용

작업 순서 ① 흰색과 검은색 매체를 이용하여 마음껏 작업하여 감정과 사고의 부조화를
인지하고 해소하도록 한다.

② 작업 후, 흑백의 조화를 자신의 작업을 통하여 인지할 수 있고 자연스럽게
자신의 내면을 받아들일 수 있도록 유도한다.

대상 모두

테마	퍼즐 맞추기(집단치료)	6

매체 선택 4B연필, 지우개, 4절지

작업 방법 ① 치료사는 내담자의 나이와 특성에 맞게 단순한 그림이나 복잡한 그림을 선택하여 일정한 모양과 정확한 개수의 퍼즐을 만든다.

② 4절지를 인원 수만큼 일정하게 자르게 한다.

③ 각자 주어진 퍼즐을 확대 시켜 똑같이(명암, 선 등) 표현하여 본다.

④ 각자 그린 그림을 맞추어 본다.

⑤ 작업 후 무엇이 어려웠는지 또는 누구의 그림이 차이가 있는지 서로 비교해 보고 자신의 그림은 자신이 교정할 수 있도록 한다.

⑥ 전체 그림을 조화롭게 마무리한다.

대상 ADHD 환자, 집중력과 사회성이 부족한 아동이나 성인

테마	I-Selfst 색연필 작업(진단적 도구/ 비진단적 도구)	7

매체 선택 깎아서 쓰는 색연필 7가지 무지개 색과 4절지

작업 방법 ① 주어진 모양과 색을 순서대로 작업한다.

② 노랑→주황→빨강으로 넘어가는 단계는 치료사가 이야기하여 준다.

③ 작업을 다 마친 후 나타난 색과 모양 크기를 가지고 치료사는 진단적인 피드백을 줄 수 있지만 두 번째 작업부터는 자신의 문제를 인지하여 극복함으로써 자신의 감정을 조화롭고 편안하게 이루도록 돕는다.

대상 일반 성인이나 감정의 부조화를 가지고 있는 사람, 자가 치료를 필요로 하는 사람

테마	Formenzeichnen(형태 그리기)	8

매체 선택   오일 파스텔과 4절지

작업 방법   ① 치료사와 내담자가 함께 하는 공동 작업이다.

          ② 하나의 색으로 먼저 내담자가 원하는 선을 하나 긋는다.

          ③ 그 선과 연결되는 선을 치료사가 긋고 난후, 내담자는 그 두선을 연결되게 표현하여 작업을 완성 시킨다.

대상   8세 아동~성인 (라포형성 효과)

테마	kurz und lang(짧고 긴선)	9

매체 선택   4절지, 싸인펜

작업 방법   ① 두 명이 작업한다.

          ② 정해진 짧고 긴 선을 이용하여 종이 위에서 일정한 연습과 방법을 익힌 후, 그 리듬과 규칙으로 각자의 원하는 모양의 선을 표현하여 서로의 성향을 파악한 후 서로를 이해할 수 있도록 한다.

          ③ 작업 후, 어떤 어려움이나 답답함이 있었는지 이야기 나눠본다. 상대방의 감각인지 파악이나 자신의 생각을 자유롭게 표현함으로써 자신감 향상에 도움을 준다.

대상   소속감이 없는 아동이나 성인, 자신감이 없는 아동이나 성인-인지력, 융통성 향상

테마	Erinnerung und Erkennung(기억하기 그리고 인식하기)	10
매체 선택	파스넷, 4절지, 15호 붓	
작업 방법	① 각자 원하는 7가지 색을 선택한다(4~10가지씩 특성에 맞게 선택해야 함)	
	② 종이 위에 각기 다른 색과 다른 이어지는 선을 창의적으로 표현한다.	
	③ 물을 적힌 붓으로 선 위를 따라 천천히 호흡하면서 따라 그린다. 몸과 마음이 조화를 이룰 수 있도록 돕는다.	
대상	ADHD 환자, 노인, 집중력이나 사고력 부족 아동, 일반 성인	

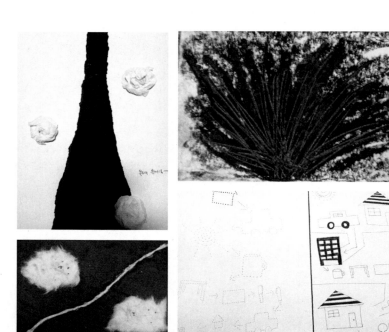

ii. 색채 Malen

치료적 효과 색채에 대한 자유롭고 정확한 감각을 익히고 여러 가지 의사 소통방식 즉, 언어적 방법으로써의 단어를 그림으로 표현해 봄으로써 미술에 대한 표현력을 기르고 인지학적, 감성적인 발달을 돕는다.

● **색채 프로그램**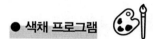

테마	**시 읽고 표현하기**	11
매체 선택	4절지, 15호 붓, 수채화 물감, 걸레	
작업 방법	① nass und nass 방법을 써서 물칠한다.	
	② 각자 평소 좋아하는 시를 한 편씩 읽고 난 후, 떠오르는 이미지를 추상적 또는 함축적으로 표현하여 본다.	
대상	12세~청소년, 성인	

테마	**유리잔 소리 표현하기**	12
매체 선택	4절지, 15호 붓, 수채화 물감, 걸레, 종이테이프, 유리잔 2개	
작업방법	① nass und nass 방법을 써서 물칠한다.	
	② 종이테이프로 4절지를 고정한 후, 눈을 감고 소리를 감상한다.	

③ 각자 머릿속으로 떠오르는 이미지나 생각을 자유롭게 표현하여 본다.

④ 각자 다르게 나타난 이미지를 가지고 서로 이야기를 나누어 본다.

대상   11세~청소년, 성인

테마   **공기/ 물/ 바람/ 빛 표현하기**   13

매체 선택   8절지 4장, 15호 붓, 수채화 물감, 걸레, 종이테이프

작업 방법   ① 작업할 때마다 하나씩 nass und nass 방법을 써서 물칠한다.

② 작업 시작 전 눈을 감고 각자 평소에 생각하는 자연 그리고 우주를 어떻게 인지하고 생각하는지 그 이미지를 생각하여 본다.

③ 원하는 주제부터 하나씩 표현하도록 하되, 되도록 단순화시키도록 유도한다.

④ 작업 후, 자신의 작업을 통해 무엇을 해소하고 도움이 되었는지 생각하여 본다.

대상   내면의 인지력 부족과 자신감이 부족한 아동이나 성인

테마   **사계절 표현하기**   14

매체 선택   8절지 4장, 15호 붓, 수채화 물감, 걸레, 종이테이프

작업 순서   ① 작업할 때마다 하나씩 nass und nass 방법을 써서 물칠한다.

② 작업 시작 전 눈을 감고 각자 평소에 생각하는 자연 그리고 우주를 어떻게 인지하고 생각하는지 그 이미지를 생각하여 본다.

③ 원하는 주제부터 하나씩 표현하도록 하되, 되도록 단순화시키도록 유도한다.

④ 작업 후, 자신의 작업을 통해 무엇을 해소하고 도움이 되었는지 생각하여
   본다.

대상 내면의 인지력 부족과 감정의 부조화 또는 자존감이 낮은 아
         동이나 성인

테마 **빛과 어둠(Schwarz und Weiss) 표현하기**   15

매체 선택 검은 매체의 자유 선택

작업 순서 ① 흰색과 검은색 매체를 이용하여 마음껏 작업하여 감정과 사고의 부조화를
              인지하고 해소하도록 한다.

            ② 작업 후, 흑백의 조화를 자신의 작업을 통하여 인지할 수 있고 자연스럽게
              자신의 내면을 받아들일 수 있도록 유도한다.

대상 내면의 인지력 부족과 감정의 부조화를 가진 아동이나 성인

테마 **감정 영상화시켜 표현하기**   16

** 헨젤과 그레텔 / 언덕 위의 사자 / 노랑과 파랑 이야기 / 초록 들
  판 위의 빨간 당근 이야기

매체 선택 4절지, 15호 둥근 붓, 수채화 물감, 걸레 등

작업 순서 ① nass und nass 방법(습식수채화)을 써서 물칠한다.

            ② 그림형제의 동화를 읽어주거나 치료사가 지시하는 이야기를 듣고 차례대로
              각자 떠오르는 영상을 표현하여 본다.

            ③ 작업 후, 자신이 어떤 감정을 생각하고 해소했는지 이야기를 나누어 본다.

대상 감정의 부조화를 가진 아동이나 성인

테마 **감정의 범주** 17

** 색으로 감정 표현하기

행복/기쁨/사랑/안도감/희망 등 (긍정적 감정)

두려움/슬픔/분노/우울/혼란스러움/질투/욕망/따분함/불안 등

(부정하는 감정)

매체 선택 8절지 8장, 15호 둥근 붓, 수채화 물감, 걸레 등

작업 순서 ① 작업할 때마다 하나씩 nass und nass 방법을 써서 물칠한다.

② 작업 시작 전 눈을 감고 자신이 평소에 사용하는 감정과 사용하지 않는 감정
을 어떻게 인지하고 생각하는지 그 이미지를 생각하여 본다.

③ 원하는 주제부터 하나씩 표현하도록 하되, 되도록 단순화시키도록 유도
한다.

④ 작업 후, 자신의 작업을 통해 무엇을 해소하고 도움이 되었는지 생각하여
본다.

대상 감정의 부조화를 가진 성인, 청소년 우울증

테마 **내 삶에 가장 소중한 것** 18

매체 선택 4절지, 수채화 물감, 15호 둥근 붓, 걸레, 팔레트 등

작업 순서 ① nass und nass 방법을 써서 물을 칠한다.

② 내 삶에 있어서 무엇이 가장 소중한지를 생각하고 찾아 표현해 본다.

③ 종이 위에 자신의 가장 소중한 것을 위해 그림을 소중히 다루며 표현해 본다.

④ 작업 후, 그것을 위해 평소 자신이 얼마큼 많은 에너지를 쏟고 있는지 이야
기를 나누어 본다.

대상 표현력이 부족한 성인과 노인

| 테마 | 기하학적 도형 색으로 우려내기 | 19 |

매체 선택 4절지, 15호 납작 붓, 종이테이프, 수채화 물감(아동) 분채 사용(성인), 걸레, 팔레트 등

작업 순서 ① 한 가지 도형을 선택한 후, 종이 위에 공간을 분할하여 일정한 크기를 유지하면서 작업한다.

② 빈 공간을 그 일정한 도형이 계속해서 오버랩이 되게 작업할 수 있도록 한다.

대상 청소년~성인(인내력과 인지력 발달향상-사고 감정 의지 동시 향상)

| 테마 | 기억해서 그리기 | 20 |

매체 선택 4절지, 파스넷, 4B연필, 지우개

작업 순서 ① 집중력이 짧을수록 개수와 색을 단순화하여 원하는 사물을 보고 그린다.

② 다 그린 후, 2분 동안 그림을 외우게 한다.

③ 뒷면에 처음 그리는 순서대로 그림을 기억해 그린다(색채, 형태, 개수를 정확하게 그렸는지 파악하고 비교해 본다) .

④ 자신이 무엇을 빠트리고 잊었는지 생각하는 시간을 가진다.

대상 ADHD, 조로증 환자

| 테마 | 전지에 2인 1조(사회성 향상) | 21 |

매체 선택 전지 2장 ~3장, 오일 파스텔

작업 순서 ① 작업할 사람들의 키만큼 전지를 붙인다.

② 종이 위에 어떤 자세로 표현할지 의논해본다.

③ 서로 번갈아 가면서 상대방이 원하는 자세의 실루엣을 그려준다.

④ 종이 위에 표현된 상대방의 실루엣을 유지하면서 상대방을 자세히 관찰하여 꾸며준다.

⑤ 작업 후, 빈 공간에 상대방의 보이는 성격과 부족해 보이는 단점을 글로 표현해 보거나 종이 위에 표현된 이미지의 느낌을 글로 표현해 본다.

대상　　아동, 성인 모두 가능

　　　　　　　　　　　　　　　　　　　　　발도르프 예술교육

iii. 조소 Plastik

치료적 효과 조소는 회화와는 달리 매체와의 직접적인 접촉, 공간감, 육체적 운동성이 제공된다. 조소에 주로 이용되는 점토는 변형이 용이하고 유동성, 실패에 대한 두려움을 최소화한다. 조소를 통한 감각 발달(촉각, 생존, 운동, 균형 감각 의식)에 영향을 주며, 기운을 내게 하고 회복의 역할 의지가 강하게 요구되고 개발된다. 또한 에너지와 원기가 강화되며 신진대사에 활력을 얻게 한다.

● **조소 프로그램**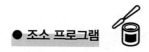

테마	**구 만들기**	22
목표	명상적, 치료적 도구로써 내적 공간과 내적 고요를 체험하고 평온함 속에서 자의식을 경험한다.	
재료	점토	
점토 방법	① 명상으로 마음을 차분하게 한다.	
	② 점토를 주먹 크기만큼 떼어내어 두 손을 이용하여 주무른다.	
	③ 손가락을 이용하여 천천히, 명상하듯, 여러 방향으로, 규칙적으로, 리듬에 맞추어 누른다.	
	④ 중심에 집중하여 구 형태를 만든다.	

⑤ 두 눈을 감고 내적 의식에 의지하여 또 다시 구의 형태를 만들어본다.

대상   4세~성인 모두

테마   **정육면체 만들기**   23

목표   정신을 깨어나게 하고 의식화, 통찰력을 제시한다.

재료   점토

점토 방법   ① 두 손을 이용하여 손 안에서 구의 형태를 만든다.

② 구 형태에서 모서리에 유의하여 평면 형태를 만들어 가면서 정육면체를 만든다.

대상   초등학생에게 적용

테마   **konvex(볼록형) 만들기**   24

목표   식물적, 잠재적, 감성적, 부드러움과 안락함 등의 내적 감정을 표현한다.

재료   점토

점토 방법   ① 점토를 덩어리에서 떼어서 쌓는다.

② 구름 형태에 가까운, 부풀어지고, 커지고, 무겁고, 폐쇄적인, 내부에서 외부로 향하는 외면적인 공간의 다양한 볼록 형태를 만든다.

③ 표면을 모두 둥글고 볼록하게 나타낸다.

대상   초등 고학년~성인

테마	konkav(오목형) 만들기	25
목표	경계성이 모호한 부분을 명확하게 하고 자의식의 정돈과 확립을 돕는다.	
재료	점토	
점토 방법	① 점토를 쌓아 오려 둥근 덩어리를 만든다. ② 볼록한 둥근 형태에서 구덩이 형태에 가깝게 파내어고 깎아낸 듯, 개방적인 내부 공간을 만든다. ③ 뾰족하고 각진 성질의 다양한 오목 형태를 만든다. ④ 표면을 모두 오목하게 만든다.	
대상	초등 고학년~성인	

테마	Harmonie(조화형) 만들기	26
목표	상반되는 성질(극과 극을 표현)을 조합하며 평형감각을 익히고 조화로운 형태를 찾으면서 중용의 미를 인지한다.	
재료	점토	
점토 방법	① 점토를 쌓아 둥글게 만든다. ② 오목한 형태와 볼록한 형태를 번갈아 표현하면서 다양하게 변화시킨다. ③ 작품과 나와의 일정한 거리를 유지하면서 객관화하며 조화롭게 만든다.	
대상	초등 고학년~성인	

테마	Stress	27

목표 스트레스 감정을 인식하고 표출한다.

재료 점토, 점토도구

점토 방법 ① 과거의 스트레스 상황이나 분노에 대해 떠올려보고 그 느낌을 점토로 표현한다.

② 일어서서 작업을 하며 온몸을 움직여서 신체적 표현을 함께 한다.

③ 점토 덩어리를 주무르거나 찌르거나 하면서 감정을 나타낸다.

대상 초등 저학년~성인

테마	**편안한 형태**	28

목표 평온하고 안정적인 느낌을 직접적인 감촉을 통하여 인식한다.

재료 점토, 점토도구

점토 방법 ① 손안에 쥐어 질 만큼의 작은 점토 덩어리를 두 손으로 감싼다.

② 점토의 온기를 느끼면서 둥글게 쥐고 누르면서 오목한 형태를 만든다.

③ 위치를 바꾸어 가며 손가락으로 누르고 점차 만족할 만한 크기로 커나가게 한다.

④ 작품 완성 후에는 작업 과정에서 느낀 안정적인 감정을 가지고 이야기를 나눈다.

대상 초 저학년~성인

테마	Denken(생각하다)	29
목표	통합체인 사고, 감성, 행함을 분리하여 내면의 소리에 귀 기울이고 창의적 형상을 경험한다.	
재료	점토, 점토 도구	
점토 방법	① 점토 덩어리를 쌓아 최대한 크게 제작한다.	
	② 각자가 인지하고 상상하는 인간의 영적인 영역 중, 생각을 표현한다.	
	③ 작품 완성 후, 서로의 작품을 감상하고 의견을 나누어본다. '자신에게 생각이란?' 등등.	
대상	고등학생~성인	

테마	Fühlen(느끼다)	30
목표	통합체인 사고, 감성, 행함을 분리하여 내면의 소리에 귀 기울이고 창의적 형상을 경험한다.	
재료	점토, 점토 도구	
점토 방법	① 점토 덩어리를 쌓아 최대한 크게 제작한다.	
	② 각자가 인지하고 상상하는 인간의 영적인 영역 중, 느낌을 표현한다.	
	③ 작품 완성 후, 서로의 작품을 감상하고 의견을 나누어본다. '자신에게 느낌이란?' 등등.	
대상	고등학생~성인	

테마	Wollen (의지하다)	31

목표 통합체인 사고, 감성, 행함을 분리하여 내면의 소리에 귀 기울이고 창의적 형상을 경험한다.

재료 점토, 점토 도구

점토 방법
① 점토 덩어리를 쌓아 최대한 크게 제작한다.

② 각자가 인지하고 상상하는 인간의 영적인 영역 중, 의지를 표현한다.

③ 작품 완성 후, 서로의 작품을 감상하고 의견을 나누어본다. '자신에게 의지란?' 등등.

대상 고등학생 ~ 성인

테마	**인간의 주기**	**32 (★슬픔, 분노, 성욕 등을 위한 치유 프로그램)**

목표 삶의 여러 주기를 생각해보고 단계적 자아상을 찾아 이미지로 표현하게 하여 아픈 내면을 치유할 수 있다.

재료 점토, 따뜻한 물 (감정 접착제역할, 신체 이완, 치유적 매체)

점토 방법
① 충분히 탐색하게 해 시선이 찰흙에 머문다는 시점에서 왼쪽부터 차례대로 점토 덩어리를 4개로 분류한다. (왼쪽은 과거 → 점차 오른쪽으로 미래 시점)

② 자신의 자아상을 태어났을 때/청소년기/현재/미래로 나누어 형상화해본다. (* 시공간적 중요성 인지)

③ 1분씩 자신의 작품을 보면서 내면을 관찰, 인지하도록 시선을 주고 마주 보게 한다. (1분씩 총 4분 정도 * 가장 시선 맞추기가 힘들었던 자아상이 어떤 것인지 등 질문하여 찾게 함)

④ 현 시점에서 가장 시선이 가고 아픈 시기에 해당하는 이미지 하나를 골라 매끈하게 물칠하는 과정을 가지게 하고 부드럽고 세심하게 다듬어 준다.

⑤ 다듬어 주는 과정에서 구어체로 '자신과의 대화' 시간을 충분히 가지게 한다.

⑥ 작품에 대해 스토리텔링 후, 치료사는 그 하나의 이미지에 한번 더 섬세하게 다루어 물칠하면서 공감, 조언, 대처방법 등을 이야기해준다.

대상   감정에 상처가 많은 청소년기부터 내적 상처가 많은 성인 모두

테마   **Metamorphose(변성, 탈바꿈)**   **33**

목표   나를 표현하고 변화시키는 단계를 반복하며 성장을 경험한다.

재료   점토, 점토 도구

점토 방법 ① 점토로 나를 형상화한다.

② 작품을 감상하고 내면의 나를 투사시켜본다.

③ 변화시키는 단계를 5번 거친다.

대상   변화를 꿈꾸는 고등학생과 성인, 부부

테마   **두상 만들기**   **34**

목표   두상의 구조를 익히고 인간의 개성을 이해한다.

재료   점토, 점토 도구

점토 방법 ① 실제 두상의 크기로 점토를 쌓아 올려 타원형으로 만든다.

② 눈, 코, 입 등 세부적인 얼굴표현을 한다.

③ 작업 후, 타인의 두상을 감상하고 비교한다.

대상   고등학생~성인

테마	Saturn(토성)	35

목표 대우주와 인간과의 관련을 고찰하면서 인간은 우주적 존재임을 체험하고, 고형화, 상징성, 정당한 자기 의견, 성숙, 납(금속), 비장의 활동과 관련된 토성의 특성을 형상화한다.

재료 점토, 점토 도구

점토 방법
① 둥글고 단단하게 큰 점토 덩어리를 만든다.
② 조용하고, 내적인 움직임을 표현한다.
③ 자주적, 책임감이 강하고 내면적이고 진지한 토성의 감성적인 특징을 표현하면서 자신의 모습도 발견한다.
④ 공간 구성은 윗면보다는 앞, 뒤 그리고 아랫면에 치중하여 넓고 깊게 만든다.
⑤ 작업 후, 토성의 이미지를 타인과 비교해보고 작업 중에 느꼈던 경험을 이야기한다.

대상 사회성과 융통성이 부족한 청소년, 성인

테마	Jupiter 목성	36

목표 대우주와 인간과의 관련을 고찰하면서 인간은 우주적 존재임을 체험하고, 신중한 사고, 정확성, 대칭, 비율, 개념적, 주석(금속), 간과 관련된 목성의 특성을 형상화한다.

재료 점토, 점토 도구

점토 방법
① 오목하고 볼록한 형태의 균형을 신중하게 고려하면서 대칭을 이루게 한다.
② 장엄하고 위엄이 있는 고요함을 표현한다.
③ 지혜, 현명함, 친절, 돌진하는 목성의 감성적인 특징을 표현하고, 그 속에

서 자신의 모습을 찾는다.

④ 공간 구성은 위와 아래를 강조한다.

⑤ 작업 후, 목성의 이미지를 타인과 비교해보고 작업 중에 느꼈던 경험을 이야기한다.

대상   감정 표현력이 부족한 청소년, 성인

테마   **Mars 화성**   37

목표   대우주와 인간과의 관련을 고찰하면서 인간은 우주적 존재임을 체험하고, 행동주의, 에너지 넘치는, 외향적인, 전사, 수호자, 철(금속), 쓸개와 관련된 화성의 특성을 형상화한다.

재료   점토, 점토 도구

점토 방법   ① 에너지가 넘치는 형태로 적당히 딱딱한 형태를 표현한다.

② 돌출되고 공격적이면서 방어적인 외형을 나타낸다.

③ 화성의 목표 지향적이고 용감하고 투쟁적인 이미지를 표현하고, 그 속에서 자신의 모습을 찾는다.

④ 공간구성을 위와 아래를 고려한다.

⑤ 작업 후, 화성의 이미지를 타인과 비교해보고 작업 중에 느꼈던 경험을 이야기한다.

대상   부도덕적인 청소년 ~ 감정통제를 못하는 성인

테마	Sonne 태양	38
목표	대우주와 인간과의 관련을 고찰하면서 인간은 우주적 존재임을 체험하고, 정확한 판단, 곧고 귀한, 귀족적, 온기, 금(금속), 심장작용과 관련된 태양의 특성을 형상화한다.	
재료	점토, 점토 도구	
점토 방법	① 거대한 크기와 면을 똑바로 세워 긍정적-부정적인 공간의 조화를 고려하여 형태를 표현한다. ② 빛을 비추고 근엄하며 격조 있는 태양의 감성적 특성을 표현하며 자기 모습도 찾아본다. ③ 공간 구성은 수직면을 우선으로 고려하며 앞, 뒤와 좌우를 살핀다. ④ 작업 후, 태양의 이미지를 타인과 비교해보고 작업 중에 느꼈던 경험을 이야기한다.	
대상	자아가 약한 청소년기~우유부단한 성인	

테마	Venus 금성	39
목표	대우주와 인간과의 관련을 고찰하면서 인간은 우주적 존재임을 체험하고, 감정을 조절하고, 순결, 섬세함, 치유, 아름다움, 구리(금속), 신장과 관련된 금성의 특성을 형상화한다.	
재료	점토, 점토 도구	
점토 방법	① '미'의 이미지를 떠올리면서 부드럽고 섬세하게 형태를 표현한다. ② 우아하고 기품이 있고 둔탁하지 않은 형태로 금성의 '미'와 '치유'의 이미지를 형상화하면서 자신의 내적인 아름다움과 치료적 자질에 대해서도 생각해본다.	

③ 전체적인 공간을 골고루 표현하고 중앙에는 안정적인 중심을 이루게 한다.

④ 작업 후, 금성의 이미지를 타인과 비교해보고 작업 중에 느꼈던 경험을 이야기한다.

대상　　사회 부적응 청소년 ~ 자만감이 높은 성인

테마　　**Merkur 수성**　　　　　　　　　　　　　　　　　**40**

목표　　대우주와 인간과의 관련을 고찰하면서 인간은 우주적 존재임을 체험하고 생명력 있고 빠르고 변덕스럽고 변화무쌍한 수은(금속), 허파와 관련된 수성의 특성을 형상화한다.

재료　　점토, 점토 도구

점토 방법　① 대칭이고, 운동성이 있으며 구부러진 형태가 여러 번 반복되게 표현한다.

② 밝고 경쾌하고 유머가 있는 수성의 이미지를 형상화하면서 자기 모습을 찾아본다.

③ 공간 구성은 반드시 가운데 부분에 중심을 두게 한다.

④ 작업 후, 수성의 이미지를 타인과 비교해보고 작업 중에 느꼈던 경험을 이야기한다.

대상　　내적으로 미성숙한 청소년 ~ 성인

테마	Mond 달	41
목표	대우주와 인간과의 관련을 고찰하면서 인간은 우주적 존재임을 체험하고, 환상적인, 자연적인, 은(금속), 뇌와 관련된 달의 특성을 형상화한다. 감정과 신체의 변화를 인지하고 스트레스를 줄여준다.	
재료	점토, 점토 도구	
점토 방법	① 부드럽고 은은한 형태로 너무 강하거나 너무 무겁지 않게 형태를 표현한다.	
	② 조용하고 부드러운 움직임이 있는 환상적이고 성숙, 개화하는 모습의 달의 이미지를 형상화하면서 자기 모습을 찾아본다.	
	③ 공간구성은 위아래에 두고 아래의 형태가 위에서 변화되게 한다.	
	④ 작업 후, 달의 이미지를 타인과 비교해보고 작업 중에 느꼈던 경험을 이야기한다.	
대상	사춘기, 청소년기~성인	

테마	Wassertraegerin 물동이를 든 여인	42
목표	인체의 비례를 이해하고 수직 형태에서 균형 감각을 익힌다. 아래로 흐르는 에너지를 위로 올려준다.	
재료	점토, 점토 도구	
점토 방법	① 점토를 수직으로 두께 15cm, 높이 50cm의 크기의 원통형으로 쌓아올린다.	
	② 한 손을 들어 올려 물동이를 잡고 있는 여인의 모습을 사실적으로 표현한다.	
대상	우울감을 가진 청소년기	

발도르프 예술교육

| 테마 | Bergkugel-bahn(산악철도) 만들기 | 43 |

테마   **Bergkugel-bahn(산악철도) 만들기**   **43**

목표   점토의 감각적 기능을 활성화한다. 전체적인 움직임과 직관 적인 형태를 인지하고 표현하게 한다.

재료   점토, 점토 도구

점토 방법   ① 점토 덩어리를 밀대를 이용하여 길게 만든다.

              ② 점토판으로 산봉오리를 뾰족하게 만들고 돌려가면서 산길을 만든다.

              ③ 산속에 있는 터널과 같은 세부적인 표현도 자유롭게 한다.

대상   초등 고학년~17세

테마   **Tierpark(동물원)**   **44**

목표   다양한 동물을 만들고 놀이를 하면서 공간구성력 및 사회성 을 높인다.

재료   전지, 점토, 점토 도구

점토 방법   ① 협동 작업으로 팀을 구성한다.

              ② 점토로 어떤 동물의 무리를 만들 것인가를 의논한다.

              ③ 동물을 만들 때는 머리와 다리를 각 부분을 따로 만들어 붙이지 않고 타원형 에서 머리, 배, 사지 부분으로 분리하여 만든다.

              ④ 동물들을 배치하고 나무나 우리를 그려 넣어 동물원을 구성한다.

대상   초등 고학년~17세

테마	감정 나누기	45

목표	일정한 공간 내에서의 자신의 감정적 변화를 점토의 크기별로 표현하게 함으로써 간접적이지만 객관적인 자신의 감정 파악과 표출 그리고 자아의 힘을 생성한다.

재료 점토, 점토 도구

점토 방법
① 하루 중에 일어나는 자신의 감정을 점토의 크기별로 자유롭게 표현하도록 한다.

② 어두움에서 밝음으로, 중앙에서 바깥으로 또는 갈수록 서서히 풀어지게 하거나 갈수록 서서히 커지거나 작아지는 자신의 감정을 제3자의 입장으로 인지하게 하여 객관화하도록 하고 감정변화 및 감정인지를 돕는다.

대상 초등 고학년~성인

테마	구름 표현하기(부조형태)	46

목표	몽환적인 것을 강한 자각으로 유지하도록 도우며 집중력을 높이고 수면장애, 우울증, 경련성과 같은 불안정한 기분 상태에 있는 환자에 안정감을 표현하게 한 뒤, 부조 형태를 표현하게 함으로써 분노, 공격성을 표출하고 해소하도록 돕는다.

재료 점토, 점토 도구

점토 방법
① 대각선 형태의 짧은 직선과 윤곽 없이 층을 주어 명암을 묘사하듯이 부드럽게 감각을 느껴본다.

② 공기, 빛, 물의 표현으로 위로 올라가는 것과 아래로 가라앉는 것 등, 다양한 요소로 나타나는 구름의 형태를 표현하게 하고 부정적 감정을 표출해 보도록 한다.

대상 성인

발도르프 예술교육